PIERRE de BOUCHAUD

Étapes Italiennes

RAVENNE — ROME — NAPLES

LIGUE INTERNATIONALE D'ÉDITION

SANSOT & C.

PARIS

ÉTAPES ITALIENNES

Étapes Italiennes

RAVENNE.
SIENNE. — ROME. — NAPLES.

PARIS

BIBLIOTHÈQUE INTERNATIONALE D'ÉDITION

*E. SANSOT et C*ie

53, Rue St-André-des-Arts, 53

1905

DU MÊME AUTEUR

(Chez Lemerre, éditeur)

CLAUDIUS POPELIN. Peintre, émailleur
et poète. 1 vol. in-8 . . . .   3 50
LE RECUEIL DES SOUVENIRS. Poésies.
1 vol. in-8 . . . .   3 50
LES HEURES DE LA MUSE. Poésies.
1 vol. in-8 . . . .   3 50
RYTHMES ET NOMBRES. Poésies. 1 vol.
in-18 . . . .   3 »
LES MIRAGES. Poésies. 1 vol. in-18 .   3 »
VIE MANQUÉE. Nouvelles. 1 vol. in-18.   3 50
HISTOIRE D'UN BAISER. Nouvelles.
1 vol. in-18 . . . .   3 50
SUR LES CHEMINS DE LA VIE. 1 vol.
in-18. . . . .   3 50
LA PASTORALE DANS LE TASSE. 1 vol.
in-18. . . . .   1 50
LA SCULPTURE A SIENNE. 1 vol. in-18.   2 »
LA SCULPTURE A ROME. 1 vol. in-18.   2 »
MICHEL-ANGE A ROME. 1 vol. in-18 .   2 »
RAPHAEL A ROME. 1 vol. in-18. . . .   2 »
BENVENUTO CELLINI. 1 vol. in-18 . .   2 »
LES SUCCESSEURS DE DONATELLO.
1 vol. in-18 . . . .   2 50
NAPLES. Son Site, son Histoire, sa
Sculpture. 1 vol, in-18 . . . . . .   3 »

(Chez Bouillon, éditeur)

PIERRE DE NOLHAC ET SES TRAVAUX.
Essai de contribution aux publi-
cations de la Société d'Etudes ita-
liennes. 1 vol. in-8 . . . .   7 50
CONSIDÉRATIONS SUR QUELQUES ÉCO-
LES POÉTIQUES CONTEMPORAINES ET
SUR LES TEMPÉRAMENTS A APPORTER
A CERTAINES RÈGLES DE LA PROSODIE
FRANÇAISE. 1 vol. in-18 . . . . . .   0 50

RAVENNE

ET

L'ART BYZANTIN

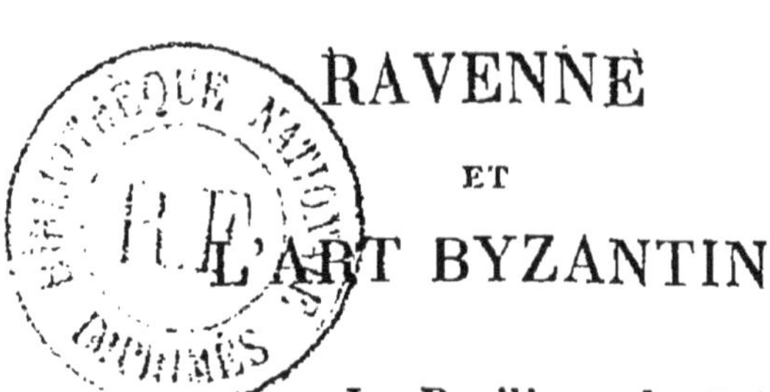

La Basilique de Saint-Vital.

L'art byzantin exprime le désir de voir des cieux nouveaux. C'est la coupole exacte du ciel. Byzance avait comme préludé aux scènes attendues depuis l'origine des siècles... La coupole n'est pas autre chose que la cité revêtue de jaspe ou de verre. Et qu'on se rappelle le cri de Justinien à Sainte-Sophie : Je t'ai vaincu, Salomon ! Et voici pourquoi les coupoles de Ravenne me sont chères, car elles sont comme l'appel vers un idéal entrevu à travers la froide et sombre architecture ; elles impriment sur leurs murs l'espérance d'un idéal sublime, l'espérance érigée en temple, l'espérance stable comme le marbre, la noble, l'immuable espérance.

Les mosaïques du chœur de Saint-Vital représentent l'Agneau triomphant et le Christ rémunérateur.

Fortunat, qui étudia, vers 550, à Ravenne où se conservait encore quelque débris de tradition classique, dans le

1

"

IVe livre de son poème, fait allusion au Christ peint sur l'arc triomphal de l'église de Saint-Vital, au milieu des éléments qui lui sont soumis :

Legibus inferni oppressis super astra meantem
Laudant rite Deum lux, polus, aera, fretum.
Qui crucifixus erat Deus, ecce per omnia
                                        [regnat
Dantque Creatori cuncta creata precem.

Le tympan de l'arc triomphal est historié des sacrifices d'Abel et de Melchisédech. Au-dessus de l'Arc, deux anges portent le même monogramme. Aux prophètes occupant les coins correspondent les évangélistes : saint Mathieu à Moïse, saint Marc à Isaïe. Le sol vert est planté de lys et de roses, avec deux arbres rabougris placés aux extrémités de la lunette. Tout cela est somptueux et d'un admirable coloris.

Abel, désigné par son nom, vient de sortir de sa modeste habitation. La porte est entr'ouverte ; le toit couvert de chaume. Trois fenêtres éclairent l'intérieur ; l'une est placée au fronton, les deux autres sur le côté. Un grand arbre s'élève à gauche de la maisonnette. Abel, adolescent, porte le costume des bergers ; sandales aux pieds, tunique en peau serrée à la

taille et ne dépassant pas le genou.
Un manteau rouge flotte sur ses
épaules. Il offre un agneau des deux
mains et lève les yeux au ciel.

En regard, on aperçoit Melchisédech s'appuyant à une basilique dont
la porte cintrée est flanquée de deux
colonnes cannelées qui soutiennent
le fronton. Des bas-côtés augmentent
la valeur de l'édifice, et au-dessus,
apparaît l'étage des fenêtres. Le toit
est couvert de tuiles à la manière ro-
mane. A la suite de l'édifice et con-
tiguë à lui, s'ouvre, dans un mur étroit
et crénelé, une porte carrée avec
colonnes droites et fronton terminal :
c'est l'entrée du palais.

Melchisédech a les traits d'un vieil-
lard. Sa tête est nimbée d'or. Des
bandelettes horizontales sont fixées
au bas de la jambe, lient ses pieds.
Il est revêtu d'une tunique serrée
aux poignets, d'une ceinture et d'une
chappe violette bordée d'or et à capu-
chon d'or. Les yeux au ciel, comme
Abel, il offre un pain de forme circulaire avec un fleuron au centre. Il est
debout au pied de l'autel porté par six
colonnes et reposant sur un gradin peu
élevé. La table est recouverte d'une
nappe frangée à la partie inférieure et

dont chaque pointe se termine en glo-
bule. Un calice en or repose sur la
table entre deux pains.

Le fond du tableau est bleu, le ciel
est indiqué par des nuages affectant
la forme de cirrus teintés de bleu, de
blanc et de rouge.

L'abside représente le Christ, sou-
verain juge et rémunérateur. Il est
assis sur le globe du monde et tient
une couronne à la main. Sur le sol,
planté de lys et de roses, reposent
deux paons, deux oiseaux gris et deux
vases. Sous les pieds du Christ, sour-
drent du rocher les quatre fleuves
symboliques du paradis terrestre,
coulant deux à deux en sens opposé.
Au ciel flottent des nuages allongés,
rouges et bleuâtres. La sphère sur
laquelle le Christ est assis figure la
sphère céleste. Un nimbe entoure sa
tête. Sur sa tunique de pourpre vio-
lacée, parsemée d'or, repose un manteau de même couleur portant à une
extrémité la lettre Z, tissée **en or.**
La main gauche s'appuie sur le Livre
aux sept sceaux, sorte de rouleau lié
et scellé en noir. La main droite
présente la couronne dont le bandeau
est rehaussé de gemmes et de pierres
alternées.

Une douceur singulière se dégage de Saint-Vital. On y communie avec un noble passé. Dans le rythme harmonieux des personnages inscrits aux murs de l'antique édifice, il y a comme une pérennité de rêve, un charme assoupi, une voix affaiblie des siècles écoulés. Et, dans cette église qui date du vi^e siècle comme dans celle, plus ancienne encore, de Saint-Apollinaire, consacrée par Théodoric à Saint-Martin de Tours, règne une atmosphère de paix heureuse et sûre. L'influence orientale n'a servi qu'à faire adopter, en ces lieux, une forme circulaire, douce au regard. Ce n'est plus l'harmonie symétrique du temple grec. Ce n'est pas non plus l'extension désespérée vers le ciel des hautes cathédrales gothiques : c'est une ascension moyenne qui, à une égale distance du sol et de l'éther, s'épanouit en architecture grave et calme, en des arcatures qui naissent d'elles-mêmes, se supportent et se mêlent. Et parce qu'il est en quelque sorte la résultante d'éléments divers de l'époque païenne, impériale et chrétienne, cet art vaut qu'on s'y arrête, qu'on l'étudie et le médite, loin du vain bruit des foules, sur les murs et les basiliques de la vieille Ravenne aux rues silencieuses, dans cette atmosphère de calme qui enveloppe ses édifices au seuil de la mémorable forêt qu'aimait Dante et dont Byron chanta les ombrages et la solitude.

SIENNE

Sienne est une ville étrange et pittoresque. Son aspect, austère au premier abord, a pourtant un charme infini. Elle s'élève au centre de l'Italie, au milieu d'un cadre immense de montagnes. Comme Pérouse, comme la grande Rome, elle est construite sur plusieurs collines. Sa rude enceinte est parsemée de hautes demeures perchées comme des aires d'aigles. Et ses trois quartiers dominent l'horizon qui va d'un côté vers San Gimignano et Volterre, et de l'autre s'abaisse en pente insensible vers la maremme et la solitaire et verte campagne romaine.

La chaîne violette des Apennins étend jusqu'à elle les pentes de ses coteaux verdoyants. Des champs, couverts d'arbres, l'entourent. Le sapin s'y mêle à l'olivier, le chêne au cyprès, et par-dessus la blondeur des blés, la vigne suspend ses guirlandes lourdes des raisins qui donnent à Chianti le vin et l'opulence.

Le vent qui s'engouffre dans ses rues étroites où se presse la foule des citadins affairés, passe en hurlant sous les vieilles portes qui vomirent jadis, par leurs ouvertures béantes, les ennemis brutaux et furieux, les Florentins exécrés.

Oui ! en vérité ! cette ville est attachante et mystérieuse aussi ; attachante par les œuvres d'art qu'on y trouve, partout disséminées ; mystérieuse, par les secrets historiques qu'elle recèle et ne livrera jamais. Cette reine des monts, ceinte de tours crénelées, hérissée de bastions, peuplée d'églises, profile sur le ciel toscan une silhouette de ville du moyen âge dans un miraculeux état de conservation. Et quand, du haut du Palais public, le regard embrasse les trois collines sur lesquelles Sienne est assise, on a l'impression d'avoir à ses pieds la cité peut-être la plus curieuse d'Italie, celle à coup sûr, qui, après Rome et Florence, mérite l'examen le plus attentif, la compréhension la plus scrupuleuse, la visite la plus minutieuse.

Il faudrait trouver des expressions

particulières pour décrire cette Sienne ceinturée de murailles farouches. Ce n'est plus ici l'élégance attique et si prenante de Florence, la cité de Dante et de Giotto. L'architecture, la peinture, la sculpture, le type, le langage n'y ont point l'harmonie simple et classique de la ville de Sainte-Marie-des-Fleurs.

Qu'on suive les rues emmêlées, enchevêtrées, tortueuses, qui montent et descendent les abruptes assises, ou côtoient ces antiques et imposants palais dont les masses cachent l'azur du ciel. Une lumière diffuse noie les monuments. Tantôt elle avive le pittoresque de la cité ; tantôt elle adoucit les solennelles perspectives. Elle enveloppe la tour du *Palazzo publico*, cette tour de la *Mangia* que Léonard de Vinci admirait ; elle se répand sur la rouge Sienne comme un déluge impalpable et doré...

Ah ! ce Palais public, comment décrire sa charmante grâce architectonique dans les matins d'été, alors que le violent soleil ne brûle pas encore les pavés de la place célèbre ? Jadis, la tour du noble palais sonna le réveil des Siennois, l'appel aux armes, le tocsin de l'émeute, le départ des guerriers. Aux jours de victoire, la voix de bronze de son beffroi unit ses vibrations aux carillons des clochers de la ville...

Les créneaux mettent à l'antique édifice comme une dentelle de pierre, et sa *loggia*, encore pleine d'ombre à l'aurore, ressemble à une source fraîche.

En face, la fameuse fontaine *Gaja*, la fontaine de Jacopo della Quercia, fait son bruit clair d'eau vive tombant dans la vasque marmoréenne. La place, en forme de conque marine rugueuse, petit forum de ville turbulente, est comme bariolée de tons rouges, bruns, émeraude, violets.

Le soir, à la tombée du jour, au crépuscule, le grand Palais s'endort dans la paix. Ses contours s'effacent peu à peu. Seul le beffroi continue de dire les heures à la nuit.

***

Il convient de revenir encore sur le caractère héroïque des rues de Sienne. Leur enchevêtrement frais et dallé serpente en couloirs exigus, s'insinue à travers la ville, comme les artères parmi le corps. Elles sont, ces rues, tantôt des boyaux étroits s'enfonçant dans un vaste océan de pierres, tantôt de larges espaces aboutissant à des terrasses qui surplomblent l'abîme et s'ombragent de très vieux arbres où le peuple des oiseaux volète et gazouille.

Tout, du reste, à Sienne, est une combinaison merveilleuse de l'art et du hasard. Tout s'y associe pour donner à ses physionomies multiples et changeantes un perpétuel imprévu. On ne peut faire un pas sans être frappé par une association intime de l'architecture avec la nature ; spectacle qui présente non pas un divertissement artistique, comme on l'a prétendu, à tort, selon moi, mais un enseignement esthétique d'une simplicité et d'une sûreté d'effet prodigieuses.

*
* *

Ici, tous les souvenirs s'unissent pour vous tirer en arrière. Les champs suburbains parlent de batailles et de luttes, mais les molles ondulations des collines parlent aussi du magnifique élan artistique ayant peuplé, jadis, les moindres bourgs environnants, où on les admire encore, de

Madones, de Christs, de sculptures, que leurs auteurs dans une humilité d'artistes épris de Dieu, ne voulaient même pas signer de leur nom... Tel est l'enseignement qu'on a du haut des terrasses siennoises..

Ces terrasses, combien leur charme est triste et doux ! Le voyageur et le penseur qui s'y promènent aperçoivent de là, dans tous ses détails, « l'éloignement irrémissible des choses », et comme un raccourci des annales médiévales ; car, à cette époque troublée du moyen âge, au temps où Sienne s'avouait la capitale d'une République redoutée, l'histoire n'était qu'un prodigieux roman d'aventures, écrites en lettres de sang sur le sol italien, par des reîtres ou des patriotes combattant, pour l'indépendance patriale, à *Monte aperto* et dans chaque coin de l'Italie. Mais nulle part plus qu'à Sienne, l'esprit n'est hanté par des visions de batailles et de révolutions. En effet pour me servir des expressions d'Anatole France : « la ville de Sienne fut comme le malade qui cherche en vain une bonne place sur son lit et croit en se retournant tromper la douleur ». Les gouvernements successifs qu'elle se donna, qu'ils fussent aristocratiques, bourgeois ou démocratiques, n'eurent le plus souvent qu'un même résultat : le rationnement de la ville, sa mise en coupe réglée au profit de cassettes particulières.

*
* *

Ces considérations historiques et un peu sombres ne doivent pas faire oublier que Sienne est la patrie de l'art immortel. Sans doute, ces palais-forteresses du Magnifique, Salimbeni, Piccolomini, Tolomei, Chigi, et tant d'autres, hérissés de mâchicoulis, évoquent des légendes féroces, des meurtres, des rapines ; mais dans la grande salle du Palais public, la fresque du *Bon et du Mauvais Gouvernement*, où, du trône blanc sur lequel elle repose, la Justice tourne son visage serein et son clair et franc regard vers le spectateur ; mais à Saint-Augustin, à Saint-Bernardin, à Saint-Dominique, — trois églises d'un intérêt passionnant — maints tableaux sont de nature à frapper hautement l'esprit, et à remplir l'âme de pensées esthétiques.

Sodoma lui-même, de son vrai

nom Bazzi, malgré l'exagération sensuelle des poses en lesquelles il a
portraicturé la vaillante petite Domi-
nicaine dont l'humble maison natale
est conservée comme un reliquaire
pieux ; Sodoma avec sa Madeleine
défaillante sur l'épaule du Christ dé-
funt ; avec sa Judith opulente et
hardie rentrant, toute pleine d'une
impudente sérénité, au camp hébreu,
après la mort d'Holopherne ; avec
sa Catherine exténuée, stigmatisée,
évanouie ; Sodoma lui-même par-
ticipe de la nature ardente, mystérieuse, indéfinissable de la cité sien-
noise, où il a donné ses meilleures
créations.

Les corps qu'il ploie sous de
molles étoffes ou qu'il dresse, fré-
missants et comme trempés de passion contenue, en des gestes adorants,
calmes, ou extasiés ; les transforma-
tions qu'il impose aux réalités am-
biantes ; les jeunes gens qu'il éclaire
d'une vie intellectuelle et psycholo-
gique intense ; le mysticisme païen
et ardent, défaillant et sensuel dont
il revêt ses personnages, font de
son œuvre une suite de compositions qu'on peut ne pas aimer, — ce
qui est fort naturel, car cet art a

quelque chose de troublant et de tendu qui gêne parfois l'examen, — mais dont on ne peut nier ni la maëstria, ni la force du rendu. Et l'artiste atteint par là aux plus dramatiques expressions du désir, de la volupté, de l'inquiétude, de l'angoisse, que l'on puisse contempler chez un peintre.

Sodoma fut un élève de Léonard de Vinci. L'influence du maître se montre dans bon nombre de toiles de Bazzi, entre autres l'imposante *Descente de Croix* qu'on voit à l'Académie, l'un des plus remarquables tableaux religieux de Sienne, et dans lequel la jeune Madeleine, qui soutient la Vierge évanouie, est un admirable type de beauté, tout à fait dans le caractère des œuvres de Léonard, bien que le disciple n'ait avec le maître que fort peu de points communs, si ce n'est : l'amour de la pensée profonde, ou ce qu'on a heureusement défini « l'étude à travers l'œuvre, qui fait de cette dernière un moyen plutôt qu'un but, une étape d'un voyage intellectuel ».

Bazzi se rapproche parfois de Gaudenzio Ferrari par les têtes de certains vieillards, les draperies flottantes, la finesse du coloris.

Ce peintre, si rempli du sentiment de la forme humaine qu'il eut le don de représenter chez des enfants comme chez des personnes de tout âge, nues ou drapées, ne peignit guère qu'à la fresque. Son génie s'y abandonnait à un libre et sûr élan, tandis que dans les tableaux de chevalet, à l'exception de la *Descente de Croix* dont je viens de parler, son pinceau perdait sa sûreté, sa légèreté, cet art intéressant, morbide et voluptueux de fixer la Beauté.

*
* *

La visite de la Cathédrale présente un intérêt puissant. On y admire un très pur gothique italien. Le grand portail bordé de statues, les portes à cintres romains, les formes élancées de l'ensemble font de ce monument un des édifices les plus intéressants de l'Italie. On entre. L'intérieur apparaît aux regards éblouis, forêt de marbre blanc rayé de noir, répétant à l'infini ses arceaux gracieux et ses feuillages de pierres. Tout est gai, scintille, flamboie. Les nefs, peuplées de colonnes, portent, très haut dans les airs, la coupe élancée du dôme. Un air de joie règne dans l'assemblage des chapiteaux d'acanthes corinthiennes, illumine les fenêtres à ogives, donne à leurs meneaux et à leurs trèfles une grâce vraiment idéale. Les vitraux peints inondent les dalles d'un fouillis de rubis, de saphirs, d'opales et d'émeraudes. La voûte bleue est parsemée d'étoiles d'or. Les animaux mystiques supportent la chaire sculptée et polychrome de Nicolas Pisano, véritable joyau de pierre, que Taine appréciait en ces termes (je lui laisse la parole, car sa description est parfaitement adéquate au mérite de l'œuvre qui en est l'objet) :

« Je n'ai pas de paroles pour dire
» l'originalité et l'abondance de l'invention qui éclatent dans cette chaire.
» Elle est étrange autant que belle. Les
» piédestaux sont des lionnes qui tiennent chacune un agneau dans leur
» gueule ou que leurs petits tettent; du
» corps de ces lionnes partent huit petites colonnes blanches et pures, qui
» s'épanouissent en un riche bouquet
» de fleurons du goût le plus neuf, et
» qui se rejoignent par des trèfles portant ensemble une sorte d'arche ou
» de coffre à huit pans, de la forme la

» plus simple et la plus naturelle. Sur
» l'entablement de chaque colonne, une
» femme est assise ; plusieurs ont sur
» la tête une couronne d'impératrice ;
» toutes tiennent de petits enfants qui
» leur parlent à l'oreille...

» Dans cette joie de l'invention
» primitive — la chaire date du
» XIIIe s. — on est si ravi des idées
» subitement entrevues qu'on y insiste
» avec excès ; *c'est un tel plaisir que*
» *d'apercevoir pour la première fois*
» une âme et l'attitude que manifeste
» cette âme...

» Sur les parois de la chaire, un laby-
» rinthe de figures pressées, une lon-
» gue procession octogonale, *la Nati-*
» *vité, le Jugement,* enveloppent le mar-
» bre de leur revêtement de marbre.
» Des apôtres et des vierges, assis ou
» debout aux encoignures, unissent et
« séparent les divers moments de la lé-
« gende. Sur les rebords, s'entrelace
» une délicate et florissante végétation
» de marbre, arabesques, feuillages,
» tout un luxe d'ornements fins et
» multipliés. »

Et maintenant, après avoir jeté un
regard sur la mosaïque de personnages tracés au crayon sur les larges
dalles du Dôme, personnages appar-

tenant à tous les âges, de la naissance de l'art jusqu'à son achèvement ;
après avoir admiré les processions,
les combats, les paysages, les scènes
et les hommes du xive siècle, les
nobles sybilles et les profils de tant
de têtes héroïques ou douces, can-
dides ou cruelles, qui s'y trouvent
représentées : pénétrons dans la *Bibliothèque* du Dôme et contemplons
avec tout le respect, toute la dévotion
dus au grand art, les fresques fa-
meuses où Bernardino Betti Biagi,
celui qu'on nommait Pinturicchio,
le petit peintre, à cause de sa taille,
ou le Sourd, à cause de son infirmité,
a écrit, en un merveilleux poème de
couleurs, la vie du grand humaniste
et du poète latin, Æneas Sylvius Piccolomini, qui fut pape sous le nom de
Pie II (1458-1464).

Qu'elles ont d'harmonie, ces peintures, et comme elles parlent à l'âme !
Cet élève, cet ami de Pérugin, ce
camarade de Raphaël, nous apparaît
dans les dix grandes fresques de la
Bibliothèque du Dôme de Sienne,
comme un coloriste éclatant, excellant
à orner de figures vivantes, magnifi-
quement encadrées, des espaces que
le temps a respectés et où les cos-

tumes et les couleurs, le luxe et l'éclat de la plus somptueuse époque qui fut au monde, sont représentés avec une fidélité qui fait de l'examen de ces peintures, une des meilleures investigations et documentations esthétiques.

Il convient de remarquer combien en ces fresques lumineuses et colorées est habilement interprétée la poésie de ce qu'on a appelé la Renaissance, c'est-à-dire l'épanouissement complet de l'être humain au lendemain du moyen âge, le moyen âge, ce règne de la force dont Sienne a gardé une empreinte ineffaçable.

Mais ici, dans ces peintures, rien de triste. Rien de sombre dans ces vastes compositions où l'histoire cède le pas à la grâce, le drame fléchit devant l'heureuse taxonomie des scènes disposées comme une suite de fables délicieuses.

... Et vraiment, on peut les dénommer ainsi, ces compositions faisant valoir les épisodes les plus importants de la vie du pape humaniste ; depuis son départ pour le concile de Bâle jusqu'à son couronnement comme poète, par l'empereur Frédéric III, à Francfort-sur-le-Mein ; depuis son élévation au pontificat suprême, jusqu'à sa mort, survenue à Ancône où il cherchait à organiser une croisade contre les Turcs.

Il y a dans chacune de ces fresques de jeunes seigneurs, de beaux cavaliers qui font ployer les cols de leurs montures en tirant sur des brides enrichies de pierres précieuses. Ils sont forts et souples. Leur attitude est hautaine et sous le luxe princier de leur parure, ils ont un air grave et réfléchi.

Les arbres, les colonnes fuselées, les monuments sont baignés dans une atmosphère légère et vivace. Cette histoire de la vie d'un pontife est narrée délicieusement. Rien n'est oublié : solennités des fêtes de cour, pompes des cérémonies religieuses ou profanes, ferveur des visages monastiques, allégresse des faces juvéniles et mondaines. Des héros au teint sombre, bizarrement costumés, parlent des Croisades et des temps où Venise et Gênes liaient leurs destinées commerciales à celles des peuples d'Orient.

Une composition surtout : *les Fiançailles de Frédéric III avec Eléonore de Portugal*, apparaît ici comme un vrai poème d'amour. Le jeune empereur, vêtu d'une robe verte, les éperons d'or aux pieds, s'avance au devant de la fiancée, en marchant sur des fleurs. Il est bien le roi de la fête. Il unit dans sa personne la majesté impériale à cette autre majesté de la vie qu'on nomme la jeunesse.

D'ailleurs tous les pages, les évêques, les soldats qui animent l'ensemble de ces chefs-d'œuvre, forment comme une floraison superbe de l'arbre de la Vie. Ils sont vraiment les instruments d'une fatalité souveraine mais aimable. Ils semblent traverser l'existence dans un pathétique de langueur, de tendresse, de réflexion et de beauté. Ils sont comme les jouets d'une volonté suprême qui, combinant l'art et le hasard, permet à l'être humain de goûter un moment les joies, de participer aux scènes, de prendre sa part des grandeurs terrestres, pourtant si fugitives et si chancelantes. *Eheu ! fugaces labuntur anni.*

Telles sont les réflexions du spectateur contemplant les fresques de la *Libreria* à l'heure où le soleil, pénétrant par la fenêtre, dans les après-midi claires, jette sur les murs son beau déluge de lumière et caresse, au milieu de la noble pièce, les formes et les contours, doucement arrondis, des *Trois Grâces* célèbres, trouvées à Rome au xve siècle et que Pie II, amateur passionné d'art antique, envoya, comme un impérissable et précieux souvenir, à sa ville natale, pour y perpétuer sa mémoire.

A ROME

I

LA VILLA MÉDICIS

Sur le mont Pincio, dans une des situations les plus merveilleuses de Rome, se dresse une villa que l'architecte Annibal Lippi construisit au XVIe siècle pour le cardinal Ricci de Monte-Pulciano. Elle appartint par la suite aux grands ducs de Toscane et prit le nom de villa Médicis. Elle sert aujourd'hui de résidence à l'Académie de France installée auparavant dans le palais Mancini, que Louis XV avait acquis du duc de Nevers. On a une vue admirable du haut des jardins, divisés d'une façon fort régulière au moyen de haies de lauriers. Rien n'arrête les regards. Seul un bois offre son abri sacré pour la méditation, et les arbres qui le composent répandent autour d'eux une ombre douce et charmante, forment un tutélaire abri où viennent mourir tous les bruits de la grande Cité.

L'architecture du palais est d'une noble élégance et se rapproche du style florentin. La façade intérieure qui regarde les jardins montre un portique à spacieuse arcade, élevé sur un perron à double rampe. Autrefois, portique et jardins contenaient d'admirables statues antiques qui furent transportées par la suite à Florence. On les remplaça par des moulages, et l'on peut voir encore quelques bas-reliefs anciens incrustés dans la muraille extérieure au-dessus du portique. Des plâtres de statues célèbres ont été placés auprès de ces moulages; et l'on a vraiment, en visitant ces lieux, une impression très vive de l'admirable époque du *Rinascimento*, de la grande Renaissance italienne.

En vérité; ce palais est noble et beau. L'on y nourrit son esprit des plus hautes pensées. L'imagination s'échauffe au milieu des chefs-d'œuvre dont l'image frappe sans cesse les regards. On peut y vivre d'une intense vie de pensée et y puiser l'inspiration. Peintres, sculpteurs, architectes, graveurs sont à l'école des grands maîtres du passé. Ils sont en contact avec les œuvres antiques; ils doivent méditer sur les souvenirs qui s'y rattachent. Dans l'air même qu'ils respirent, flotte comme un parfum de gloire, puisqu'en cette immortelle Rome vécurent des Bramante, des Raphaël et des Michel-Ange.

C'est dans ce cadre admirable que, le 18 avril 1903, fut célébré le centenaire de l'installation, à la Villa Médicis, de l'Académie de France, sous la présidence du Ministre de l'Instruction publique, alors M. Chaumié.

Le voyage de notre Ministre en Italie consacrait les bons rapports unissant, à l'heure actuelle, la France et l'Italie. Le grand Maître de notre Université, épris de littérature classique, accomplit le voyage de Rome, pour affirmer bien haut, en présence du Gouvernement italien, les sympathies réciproques des deux sœurs latines. Il le fit en termes excellents :

« C'est ici même sur les pentes du Pincio, qu'au déclin du jour, Poussin, accompagné de Claude Lorrain, de Lebrun, aimait à promener ses conversations et ses rêveries, semblant ainsi marquer par avance d'une empreinte française le site incomparable sur lequel la France devait avoir, bien longtemps après, la bonne fortune de pouvoir installer sa maison. Et par ainsi se faisaient plus étroits encore les mille liens secrets qui unissent les deux sœurs latines.

Et ces liens sont si étroits et si forts
que, dans cette cérémonie qui semblerait
tout d'abord ne devoir évoquer que le souvenir des grands artistes qui ont fait à
mon pays une part de sa gloire la plus
pure, ou les espérances d'avenir, dont ceux
qui sont ici nous ont déjà donné les premiers gages, mon cœur ému ne peut s'em-
pêcher d'apporter son hommage à cette
grande Italie si vivace, si belle et si forte
aujourd'hui dans son unité reconquise. »

On ne pouvait mieux dire et
M. Nasi, ministre de l'Instruction
publique italien, dans sa réponse à
son collègue de France, se fit l'écho
des sentiments universels de l'audi-
toire comme il suit :

« C'est à la France qui se ressouvient, à
la France heureuse, que vous appartenez
illustre collègue. C'est cette France que
nous avons toujours aimée, cette France
qui a donné l'hospitalité, dans les jours
douloureux, à nos compatriotes conspira-
teurs, qui a confondu son sang avec le
nôtre à Solférino, à qui est allée l'affection
profonde du roi libérateur, c'est cette
France à laquelle la grande âme de Gari-
baldi a consacré son dernier héroïsme,
cette France de Lockroy et de Claretie qui
sont venus parmi nous continuer avec la
chemise rouge la fraternité des armes déjà
glorifiée par le Prince Eugène de Savoie
et par nos braves soldats morts à la Béré-
sina.
Cette glorieuse Académie a bien le droit
de faire flotter ensemble les drapeaux de
ces deux peuples, elle qui depuis deux siè-

cles et demi, vit de notre vie, qui rayonne dans le monde, lumière d'amour pour notre patrie et qui nous accompagne dans toutes nos luttes pour la marche vers l'idéal artistique; cette Académie, où rêvèrent et travaillèrent tant d'âmes amoureuses de vérité et de beautés, tant de souverains représentants du génie latin. »

Tout commentaire serait superflu. Ces paroles, j'ai tenu à les citer tout entières, parce qu'elles sont à la gloire de la France qui, par sa politique avisée, raisonnable et prudente, a conquis l'estime et l'amitié de la Péninsule.

Le discours de M. Nasi avait une importance particulière, puisqu'il était prononcé en terre française, dans cette Villa Médicis d'où l'on domine la ville de Rome et d'Auguste et la Rome pontificale, unies au-dessus du Tibre par le trait d'union de la Rome contemporaine, née de l'Italie unifiée.

Et devant le spectacle éternellement changeant de la ville sublime s'illuminant, le matin, aux rayons du soleil qui dépasse la crête des monts Sabins; flambant sous l'aveuglante clarté de midi; le soir, se tintant de cuivre et de sang, alors que rougeoie derrière le Dôme de Saint-Pierre, l'immense incendie du crépuscule, M. Chaumié, s'adressant aux jeunes pensionnaires de l'Académie, eut raison de leur dire :

« Oh ! porter en soi son rêve, le caresser, le vivre, puis un jour, à l'appel d'une voix secrète prendre le pinceau, le burin ou l'ébauchoir, et, en pleine fièvre, chercher à lui donner vie, connaître l'allégresse de l'espoir inspiré, les amertumes de la déception, reprendre courage, chercher, lutter, chercher encore, goûter enfin la joie indicible de voir la forme pure, entrevue, jadis tant de fois poursuivie, enfin se dégager, jaillir, se fixer durable, sentir qu'à son tour c'est elle qui va faire sortir votre nom de l'ombre ou le défendre contre l'oubli.....

Pour aborder pleinement plus tard ces luttes et les joies qui sont la part des âmes d'artistes, employez aujourd'hui ces loisirs précieux qui vous sont donnés et dont les anciens eussent remercié les Dieux. Mûrissez votre jeune talent au contact des chefs-d'œuvre des maîtres, emplissez vos poumons de cet air qu'ont respiré des génies, vos yeux de ces horizons incomparables. Tout vous aide dans le grand élan, dans le coup d'aile qui doit emporter votre jeunesse vers l'idéal.

L'heure est brève, sa fuite rapide, cueillez-là. »

Et cependant, parmi les pins parasols du parc admirable qui s'étend devant la loggia de la Villa, parmi les buis rectilignes, les niches de verdure, les chênes vénérables du « Boschetto », du haut des blanches et légères terrasses, l'âme de la Patrie attentive et dominatrice, mais conquérante ici par la seule beauté, semblait applaudir aux paroles si nobles de son représentant et à l'accueil enthousiaste qu'il recevait du peuple romain.

II

L'ACADÉMIE DE SAINT-LUC

Le peintre Mutien la fonda sous le pontificat de Grégoire XIII. Mais ce fut seulement en 1688, au temps de Sixte V, que l'institution commença d'être en vigueur. Frédéric Zuccaro, en étant nommé chef, rentra chez lui accompagné de tous les poètes et les littérateurs de Rome. Cet artiste, fort lettré, après l'avoir célébrée dans ses écrits, institua cette Académie son héritière. Plusieurs de ses successeurs l'imitèrent. Au reste, cette docte compagnie n'est pas seulement une école ; elle cumule, avec les soins de l'enseignement des Beaux-Arts, la surveillance et la conservation des monuments de la ville.

Elle possède une collection de précieux tableaux. L'école flamande y est représentée par un étonnant petit paysage de Berghem ; les *Trois Grâces*, de Rubens ; une *Vierge*, de Van Dyck, entre deux anges dont l'un joue de la mandoline et l'autre du violon.

On y voit aussi une *Chasse* qui rappelle les tons modérés de Wouwermans et qui est d'un art exquis : une jeune femme allaite son enfant, tandis que le mari la contemple avec amour ; plus loin, un gentilhomme, richement costumé, sonne de la trompe, tandis qu'un autre met sa botte et qu'un troisième selle un roussin tenu par un palefrenier. Scènes charmantes, peintes avec le talent spirituel d'un Téniers et la chaleur d'un Pierre de Hooghe.

L'école française est représentée par un *Rivage* de Claude Lorrain, lumineux comme le soleil, profond comme l'éther, immense comme la mer.

Mais c'est surtout la peinture italienne qui domine, comme de raison, dans la collection de l'Académie de Saint-Luc. Voici les *Trois Grâces* de Palma le Vieux, magnifiques morceaux de nu ; une *Bethsabée* de Palma le Jeune à la provocante et sensuelle allure ; puis la fameuse *Fortune* du Guide : presque entièrement nue, les cheveux épars, la draperie flottante, elle parcourt le globe terrestre, en tenant, d'une main, une bourse d'où tombent des pièces d'or et, de l'autre, sa baguette et ses palmes. Un Amour vole après elle ; il veut la retenir en la saisissant par sa chevelure aussi brillante que le métal qu'elle lance sur son passage. Mais le plus puissant des Dieux ne saurait fixer cette femme inconstante, qu'un élan fou emporte dans sa course autour du monde et que nul amant n'est digne d'arrêter :

Semper movetur, variat et mutat vices
Et summa in immum vertit, ac versa
[erigit.

Près de la *Fortune* est placée la *Lucrèce* de Cagnacci. C'est un morceau superbe. Le peintre n'a pas montré la jeune femme à l'instant où, ne pouvant survivre à l'outrage qu'elle a subi, elle se donne la mort.

Il évoque au contraire la lutte même qu'elle soutient contre Sextus. Elle est aussi belle de colère que de nudité. Les chairs sont traitées avec cet art si particulier qu'enseignèrent les artistes vénitiens et Corrège. Malheureusement Sextus, dont l'expression brutale est d'une énergie farouche, se trouve affublé d'une pelisse bleue à brandebourgs qui détonne singulièrement et diminue la violence de la scène.

Et voici maintenant une étonnante peinture de Titien : *Diane et Calisto*. Le milieu de la composition est occupé par cinq corps féminins dont les formes pleines et puissantes, les voluptueuses carnations, les figures très vivantes sont parmi les morceaux les plus achevés du maître. Elles s'adossent à un piédestal surmonté de l'Amour tenant une urne d'où jaillit un limpide jet d'eau. Un paysage d'une hautaine grandeur encadre cette œuvre, don du peintre Pellegrini.

Non loin de l'œuvre de Titien on voit *Saint Luc peignant la Vierge*. Ce tableau, qu'on attribua longtemps à Raphaël est de son ami Timoteo delle Vitte. Son charme n'en est pas

moins profond. Luc est à son chevalet : il retrace l'image de la Vierge et
de l'Enfant qui lui apparaissent en
vision et posent devant lui. Le saint,
transporté de joie, est tout entier à
la douceur de son rêve. Derrière lui
un jeune homme contemple la scène.
Les figures, un peu longues, sont
remplies de mollesse, de sentiment
et de douceur. C'est bien le commencement du Christianisme qui est re-
présenté dans cette toile, le temps où
la foi faisait des miracles.

Enfin, aux tableaux précédents, il
convient encore d'ajouter l'*Annoncia-
tion aux Bergers*, de Bassano ; deux
œuvres de Pannini ; des paysages de
Salvatore Rosa, accidentés de pics
sinistres et pleins de soldats ; et la
Vanité, de Titien, représentée sous la
figure d'une courtisane nue, couchée
sur un lit et s'enivrant de parfums
qui brûlent à ses pieds dans un
vase d'or :

Voici brûler l'encens aux flammes des bra-
[siers.
Du sein des vases d'or, jasmins blonds et
[rosiers
Dressent leurs rameaux lourds de flore épa-
[nouie...

III

LE FORUM

Sa désolation majestueuse évoque les temps où il était le théâtre des plus grands événements de la vie romaine. Là se tinrent les assemblées du Sénat et du Peuple ; là siégèrent les tribunaux dont les ordonnances faisaient trembler le monde ; là s'agitaient les grands conseils qui décidaient du sort de tant d'Empires. Ces portiques frémirent à l'éloquence cicéronienne, et ces rostres, aujourd'hui anéantis, entendirent les harangues des Gracques. Situé au pied des monts Capitolin et Palatin, le Forum est limité par une ceinture de monuments antiques qui, par trois fois, subirent l'invasion des Gaulois, nos pères, que les Romains dénommèrent, à bon droit, des Barbares.

L'aspect imposant, la muette mélancolie du Forum, comment les évoquer avec des mots ? Au pied du Capitole, non loin de l'Arc de Septime Sévère, les huit colonnes en granit oriental du temple de la Concorde sont encore debout. Plus loin la colonne de Phocas dresse son fût isolé ; puis les reliques du temple de Jupiter Stator ; au delà, les arcs de Titus et de Constantin. A gauche, la basilique de Paul-Emile, le temple d'Antonin et Faustine, la basilique de Constantin. En face, on aperçoit les ruines du Temple de Vénus et de Rome et, occupant le fond de la perspective, le Colisée, ce résumé de l'histoire de la Ville, ce prodigieux vestige d'un peuple qui fut si long-temps le maître de l'univers et l'esclave d'un homme !

Aussi les souvenirs se lèvent-ils à chaque pas qu'on fait dans le Forum ! A chaque pas ce sont des pages écrites en caractères marmoréens ! Colonnes, portiques, amphithéâtres, temples, arcs triomphaux composent ici un musée unique au monde et couvert seulement par la voûte des cieux. Et si ces lieux ne sont pas animés comme jadis, l'âme n'y communie pas moins avec la Rome de la République et des Empereurs. Le temps et la guerre ont pu encombrer et ruiner le Forum de la Ville aux sept collines ; à travers leurs débris l'antique majesté romaine subsiste tout entière avec sa beauté grave, son prestige et sa puissance. Et l'on comprend Montaigne s'écriant : « J'ai » veu ailleurs des maisons ruinées et » des statues, et du ciel et de la terre, » et si cependant ne sçauroy revoir le » tombeau de cette ville grande et si » puissante que je ne l'admire et ré- » vère. »

Si, d'ailleurs, à travers les enceintes et les sépulcres a passé la charrue, dispersant les ossements de tant de grands hommes dont les annales enthousiasmaient notre jeunesse ; si dans le Latium les buffles broûtent aux lieux embellis jadis par les villas où Lucullus, Horace, Pollion, venaient goûter de douces heures poétiques, à l'ombre des bosquets de myrtes, dans les jardins qu'arrosaient les cascatelles : qu'importe ? Oui qu'importe ? puisque la colonne rostrale de Duilius, vainqueur de Carthage, la colonne Trajane, les arcs de Titus et de Sévère, le temple de la Paix, le Colisée, le Panthéon restent debout, bravant les injures du temps, les ravages de l'invasion, perpétuant à jamais la gloire et les conquêtes d'un peuple immortel :

Et vos clivosæ, veterum monumenta, ruinæ!

NAPLES

ET SES ADMIRATEURS

I

Les poètes romains célébrèrent les environs de Naples. Virgile conduit le pieux Enée au cap Misène après l'abandon de la reine de Carthage; Horace fait parfois allusion aux rives campaniennes; pourtant aucun d'eux ne parle spécialement de la ville. Elle en valait cependant la peine. Mais les anciens, malgré leur culture, ou peut-être à cause d'elle, se plaisaient peu, somme toute, à chanter les beautés naturelles, s'ils n'y étaient point poussés par un travail littéraire ou l'intercalation obligée d'une description au cours d'un poème. De là l'absence, dans leurs lettres ou leurs écrits, de pages frémissantes d'enthousiasme en face des aspects de la nature se déroulant à leurs yeux. L'obligation d'écrire d'une façon toujours officielle, le manque d'abandon, la tenue d'une langue, à la fois précise et noble, étaient,

d'ailleurs, peu propices aux manifesta-
tions esthétiques et à l'explosion ad-
mirative devant un simple paysage. Il
faudra de longs siècles avant d'y arriver, et ce ne sera guère qu'à partir
du xvie que les écrivains se com-
plairont à décrire les beautés d'un
site et à exprimer comme il faut la
grâce de son aspect et les visions dé-
sirées.

II

PÉTRARQUE

De tous les écrivains du moyen
âge, Pétrarque est peut-être le seul
qui ait laissé sur Naples des souvenirs. Boccace, son ami, qui vécut à
Naples, et si l'on en croit la légende
aurait obtenu les faveurs de la fille
naturelle de Robert le Sage, cette
soi-disant *Fiammette* du *Décaméron*,
Boccace, dans tous ses contes ne dé-
crivit jamais la ville napolitaine.
Beaucoup de ses récits se passent
aux environs de Naples, à Salerne, en
Sicile, ou même en Campanie. Pas
un qui donne une description de

Néapolis, de son port actif, de ses
ruelles pittoresques, de sa vivace population, cadre tout trouvé pour y
encastrer un de ces récits passionnés
et troublants dont il avait le secret.
Et pourtant il n'y séjourna pas moins
de deux fois : la première à une date
inconnue, la seconde entre 1330 et
1340. Pourquoi ce silence, sinon
parce que Boccace ne savait pas, n'a-
vait peut-être pas le goût de voir ce
que Pétrarque possédait au contraire
à un haut degré ? Comme Boccace,
Pétrarque vint deux fois à Naples.
En 1341 d'abord. Le poète arrivait pré-
cédé d'une réputation universelle qui
l'amenait à Rome aux fêtes de son
couronnement sur le mont Capitolin,
le 8 avril. A son passage à Naples, le
vieux roi Robert d'Anjou l'accueillit à
sa Cour. Cet illustre monarque aimait
les lettres. Il s'entretint longuement
avec Pétrarque, et charmé des réflexions du poète et des beautés de sa
doctrine philosophique, admirant en
même temps son extrême éloquence,
il se leva de son trône et le revêtit de
la tunique royale en témoignage d'estime et d'affection ; puis trop âgé pour
accompagner l'humaniste au triomphe
du Capitole, il le fit escorter jusqu'à

Rome par plusieurs des gentils-hommes de sa Cour (1).

Deux ans après, au mois de décembre 1343, Pétrarque revenait à Naples. Il y parvenait cette fois de Rome, non plus comme un personnage officiel ou un triomphateur antique, mais comme un simple particulier. Ne nous en plaignons pas, puisque c'est à la faveur de ce bienheureux anonymat que nous devons deux lettres au cours desquelles il décrit les champs Phlégréens, les lacs Lucrin et Averne, l'antre de la Sybille de Cumes ainsi qu'une terrible tempête qui fit à Naples de grands ravages. Les lettres sont adressées au cardinal Jean Colonna dont il avait fait la connaissance par l'entremise de Jacques, évêque de Lombez et frère du cardinal. Pétrarque passa de longues années à Avignon dans l'intimité du cardinal avec qui il resta en correspondance, lui racontant ses voyages quand il s'absentait, lui donnant, en traversant Rome, des nouvelles de son père, le vieil Etienne

(1) Voir mon ouvrage sur *Naples, son site, son histoire, sa sculpture.*

4.

Colonna, qu'il comparait aux grands anciens.

Ce fut le cardinal Jean qui engagea le poète à se faire couronner à Rome plutôt qu'à Paris.

Ceci dit, voici la première lettre de Pétrarque à celui qu'il appelait le meilleur des cardinaux (1). « J'ai vu » pendant l'hiver (on se souvient que Pétrarque arrivait à Naples en dé- » cembre) j'ai vu le golfe délicieux, » *peramœnum sinum,* que le soleil » d'été rend parfois dangereux à » cause des exhalaisons qui s'en » échappent. D'ailleurs je ne me suis » jamais trouvé ici en été. » (En 1341, il était parti de Marseille par mer et avait atteint Naples au mois de fé- vrier). « Il y a trois ans, continue-t-il, » j'arrivais ici précisément au milieu » de l'hiver et par un vent furieux, » toujours à redouter, d'ailleurs, à une » pareille saison. »

Alors, pris tout entier par les ré- miniscences classiques, il se laisse aller à décrire les environs de Naples, insistant longuement sur l'excursion qu'il fait à Cumes et Baïa, si riches en vestiges antiques. Voici tout d'a-

(1) *Ep. ad. posteros,* V. 4,

bord une allusion à Homère: « J'ai
» vu les lieux décrits par Virgile et
» bien avant lui par Homère. L'an-
» tique et savant poète grec ne pou-
» vait trouver un endroit plus propre
» aux événements qu'il avait à chan-
» ter, c'est pourquoi il en emprunta
» le sujet à l'Italie. » On sait, en effet
qu'Homère qui ne fut aveugle que
dans la force de l'âge, méditant son
Iliade, accepta de suivre, dans un
voyage au long cours, un patron de
barque marchande, nommé Mentès,
afin de s'initier aux mœurs des diffé-
rents peuples. Il visita ainsi l'Egypte,
l'Espagne, l'Italie, les rivages de
l'Adriatique, ceux du Péloponèse. Ce
fut à son retour à Smyrne qu'il fut
complètement frappé de cécité.

Pétrarque, après cette allusion au
voyage d'Homère en Campanie, continue son énumération :

« J'ai vu les lacs Lucrin et Averne,
» les eaux stagnantes de l'Achéron
» (lac Fusaro), la route, jadis si belle,
» et submergée maintenant, que traça
» Caïus Caligula; le port de Jules
» César. J'ai vu Cumes, patrie de
» la Sybille et l'antre où elle ren-
» dait ses oracles; le mont Fa-
» lerne et sa célèbre vigne; la terre,

» asile des fumées salutaires aux ma-
» ladies ; les cendres chaudes et la
» lave enflammée sortant, avec un
» sourd murmure, des entrailles du sol
» comme une eau de fer. J'ai aperçu les
» rochers d'où suintait une onde mer-
» veilleuse... J'ai contemplé la grotte
» dénommée napolitaine (la grotte
percée vers le temps d'Auguste et
située à une centaine de mètres de
la nouvelle grotte du Pausilippe),
» mentionnée par Annœus Sénèque
» dans sa lettre à Lucilius... »

La beauté splendide du golfe et
des environs de Naples l'enthousiasme à un tel point qu'il s'écrie :
« Vraiment, j'ai moins d'admiration
» pour les remparts romains, les pa-
» lais romains, les citadelles romaines
» dont il subsiste à peine quelques
» vestiges, que pour ces restes an-
» tiques des délices hivernales d'un
» autre temps... L'été attirait alors
» la société romaine à Tibur, sur les
» bords du lac Fucin, dans les vallées
» verdoyantes de l'Apennin, près du
» lac dominé par le mont Ciminus
» (en Etrurie) selon l'expression de
» Virgile, dans les gorges fraîches de
» l'Ombrie, parmi les vastes collines
» de Tusculum, le long des sources

» vives ou des fleuves limpides. L'hi-
» ver on se réfugiait à Antium, Terra-
» cine, Formies, Gaëte, Naples. »

Ici l'humaniste va s'efforcer de faire revivre sous sa plume l'ancienne splendeur de Baïes :

« Rien de plus agréable à cette
» époque, rien de plus fréquenté que
» la station de Baïa : les écrivains du
» temps et les ruines de la ville en
» font foi. »

Mais soudain le moraliste apparaît car en 1343, Pétrarque est sorti des sentiers sinueux, du labyrinthe de l'amour ; il est moins exposé aux vagues de la passion. Cinq ans seulement le séparent de la mort de Laure qui surviendra au cours de la terrible peste qui ravagea Avignon en 1348. Il est déjà las des vanités de la gloire. Il arrive à un tournant de sa vie. L'antiquité classique et la nature, les grands personnages du passé, le charme des beautés du paysage sont, ainsi qu'en témoignent ses lettres de l'époque, les génies de plus en plus tutélaires de son esprit, ses inspirateurs et ses soutiens moraux de plus en plus exclusifs. La mort de Gérard, son frère tendrement aimé, la douleur qu'il en ressentit ensuite, l'orientèrent toujours davantage vers les idées sérieuses et les préoccupations psychologiques (1).

Après cette phrase sur Baïes, Pétrarque se ressaisit et ajoute : « Evi- » demment un aussi beau site conve- » nait mieux à la volupté humaine » qu'à la rigidité des Romains. C'est » pourquoi il faut féliciter Marius, » personnage de nature austère et » rude, Pompée, César, gens d'une » moralité supérieure, d'avoir fait » construire leurs villas sur les col- » lines environnantes. Eloignés des » plaisirs efféminant les âmes, sans » crainte d'en être submergés, ils » pouvaient facilement, sur ces hau- » teurs, mépriser les clameurs des » fêtes nautiques et les voluptés de » Baïa. »

Et comme exemple probant, il va

----

(1) Il y aurait une intéressante étude à faire sur l'histoire morale de Pétrarque, en recherchant, page par page, dans les *Traités*, les *Dialogues* et les *Lettres*, ses impressions, à la fois philosophiques et religieuses, dans la nouvelle route où il s'engage, et, par exemple, la joie qui le remplit et l'enlève totalement à sa vie de triomphe pendant les quelques jours de solitude passés dans ce couvent de la Chartreuse où son frère Gérard était religieux.

nommer l'homme par excellence :
Scipion l'Africain.

« Scipion l'Africain, incomparable
» héros, tout adonné à la vertu et
» n'ayant jamais cédé aux entraîne-
» ments du plaisir ; Scipion l'Africain,
» fidèle à sa vie passée, alla jusqu'à
» déclarer qu'il était non seulement
» contraire à ses principes de con-
» templer de la hauteur une semblable
» station de plaisir, mais même de
» l'apercevoir, ne fût-ce qu'à vol d'oi-
» seau. Aussi s'arracha-t-il à ce spec-
» tacle et préféra-t-il habiter Liter-
» num (Patria) plutôt que Baïa. »

Cette lettre de Pétrarque est datée de
Baïes. Voyons maintenant la seconde,
écrite de Naples et postérieure de
trois jours à la première. C'est la
description de la tempête dont je
parlais plus haut.

Rien d'impressionnant d'ailleurs
comme ces pages.

Voici le début :

« Le poète satirique ayant à dé-
» crire un gros temps disait, afin de
» laisser entendre beaucoup de choses
» en peu de mots, qu'une *tempête poé-
» tique* s'était élevée. Or rien de plus
» concis et de plus exact que cette
» expression : le style des poètes...

» pouvant égaler et même surpasser
» dans un récit la colère des cieux ou
» la rage des flots. »

Faisant ensuite allusion à la tempête pendant laquelle Homère raconte que les Grecs, à leur retour de Troie, firent naufrage au promontoire de Caphareus (aujourd'hui Capo del Oro), sur la côte méridionale de l'Eubée, il continue en ces termes :

« Homère a décrit une tempête en
» Grèce, Virgile une tempête en Eo-
» lie (1), Lucain un gros temps des
» rives de l'Epire. D'autres poètes
» ont laissé le récit de maints oura-
» gans. Pour moi, si j'en avais le
» loisir, la tempête de Naples me
» fournirait un fécond sujet de poème.
» Quand je dis *de Naples*, il serait
» plus exact de prétendre qu'elle fut
» universelle ; mais je la dénomme
» ainsi parce que j'y assistai de
» cette ville. D'ailleurs, autant que
» je puis vous l'assurer dans la
» hâte d'un récit rapide et vu l'insuf-
» fisance du temps à consacrer à ma
» lettre, rien ne fut plus terrible,
» rien ne me parut plus saisissant. »

Cet ouragan avait fait, paraît-il,

(1) Partie occidentale de l'Asie Mineure.

l'objet des prédictions d'un évêque astrologue annonçant pour le septième jour des calendes de décembre 1343, un tremblement de terre, sans parler pourtant de tempête maritime. Très intéressants sont les détails donnés par Pétrarque sur l'état d'esprit des Napolitains aux approches de l'événement annoncé. Les uns mettent ordre à leurs affaires, les autres à leur conscience. Puis, il y a les esprits forts, riant et se moquant de la crédulité publique. Pétrarque, lui, tout en n'ajoutant pas à la prophétie une foi exagérée, n'est cependant qu'à demi rassuré. Et il attend.

La nuit, la fameuse nuit prédite arrive. Les rues de Naples sont pleines de monde. Des femmes, portant leurs enfants dans leurs bras, envahissent les églises, se pressent autour des autels. La foule est nerveuse à tel point que Pétrarque, assez impressionné lui-même, regagne sa demeure. Le ciel est pourtant plus serein que d'habitude. Une fois chez lui (il habitait dans la ville haute le couvent de *S. Lorenzo*), il ouvre la fenêtre pour examiner la lune que les nuages cachent par moments. Puis, comme tout est tranquille (sans doute le calme précurseur de l'orage), il se couche. Il était depuis longtemps plongé dans un profond sommeil quand un épouvantable fracas le réveille en sursaut. La maison tremble sur ses fondations, les fenêtres sont secouées comme par des mains de furies. Le poète prend peur. Il se lève et comme il veut aller trouver son hôte, il va pour prendre sa veilleuse. Pour comble de malheur elle s'éteint, et voilà le grand homme cherchant à tâtons la porte de sa chambre. A ce moment, son hôte, le vieux David, arrive auprès de lui. La nuit se passe en prières et dans la crainte de la fin du monde.

« Il me faudrait, dit Pétrarque,
» beaucoup de place pour raconter
» l'horreur de cette infernale nuit.
» Quelle pluie! quel vent! quels fra-
» cas de tonnerre! quels éclairs!
» quels tremblements de terre! quels
» coups de mer! quels cris poussés
» par la foule! »
Le matin venu, comme la ville haute se calme un peu, Pétrarque entend au contraire des cris de plus en plus perçants partir de la ville basse, du côté du port. Désireux à tout prix

de savoir à quoi s'en tenir — *despe-*
ratione in audaciam versa — il monte
à cheval et se dirige vers le port,
quitte à y mourir.

« Dieu bon ! Vit-on jamais désastre
» pareil ! De mémoire de vieux ma-
» rins semblable événement ne s'était
» produit. »
Suit alors la description des désas-
tres maritimes :

« Au milieu du port les eaux ont
» couvert de rochers et brisé, comme
» des œufs tendres, des malheureux,
» victimes d'un épouvantable nau-
» frage, se débattant dans la mer,
» s'efforçant de s'accrocher aux an-
» fractuosités du plus proche rivage.
» Les bords sont couverts de cada-
» vres broyés et palpitants encore.
» Ici, des éclats de cervelle ; là, des
» entrailles éparses. Tout cela au
» milieu de cris, de hurlements dé-
» passant en violence le tumulte des
» éléments eux-mêmes. Ajoutez l'ef-
» fondrement des maisons dont les
» fondations avaient été minées par
» la violence des flots, qui franchissent
» leurs limites naturelles et leurs
» rives coutumières, sans respect, en
» ce jour, pour les travaux humains
» et les lois de la nature. »

« Quant au môle immense si soli-
» dement établi par le génie de
» l'homme et qui, selon l'expression
» virgilienne, formait le port par la
» saillie de ses côtés, toute la partie
» avoisinant la mer en a été détruite;
» de sorte qu'à la place de la route
» plane et sèche des jetées, il n'y a
» plus qu'un dangereux chemin, à
» demi enfoui dans la mer... »

« M'étant mêlé à la foule, ma terreur
» diminuait un peu. Tout à coup de
» nouvelles clameurs s'élèvent. L'en-
» droit où je me trouvais en compa-
» gnie de Napolitains qui, au nombre
« de mille et plus, assistaient, à cheval
» comme moi, aux obsèques de leur
» patrie, le sol qui nous portait, se-
» crètement envahi par le flot, com-
» mence à céder et à s'ouvrir... Nous
» nous réfugions sur un lieu plus
» élevé. Mais ce n'était ni pour jeter
» au ciel des regards suppliants ni
» pour apaiser la colère déchaînée de
» Jupiter et de Neptune ! Mille mon-
» tagnes d'eau mouvantes s'élevaient
» entre Capri et Naples. Chose
» étrange ! la mer n'était pas bleue
» ou noire, comme il arrive dans les
» grandes tempêtes; elle semblait
» couverte des baves blanchâtres de

» chiens en furie! Nous nous échap-
» pâmes à grand'peine. Aucun na-
» vire, même dans le port, ne fut à
» l'épreuve de la tempête. Trois lon-
» gues galères marseillaises à l'ancre
» et qui, revenant de Chypre, al-
» laient continuer le lendemain leurs
» croisières, furent, ô désespoir! en-
» glouties sous nos yeux, sans qu'on
» pût leur porter le moindre secours.
» Une foule d'autres embarcations
» d'importance et de grandeur di-
» verses, et qui se croyaient en pleine
» sécurité dans le port, essuyèrent un
» sort analogue. »

Malgré sa sombre peinture, j'ai tenu à reproduire le texte de Pétrarque parce qu'il témoigne du grand intérêt de l'humaniste pour la nature. Remarquons-le : Pétrarque ne décrit pas ici pour décrire, mais pour raconter le terrible spectacle dont il a été le témoin et qui lui rappelle de grandioses pages des poètes grecs et romains.

Deux ans plus tard, Montaigne, dans son *Journal de Voyage en Italie* se plaira, lui aussi, à se remémorer ses souvenirs classiques et à tracer non plus, il est vrai, en latin, mais

en un français savoureux et pittoresque, le tableau des beautés naturelles
qui passent sous ses yeux.

Quand Joachim du Bellay partit
pour l'Italie, en 1553, il ne s'écarta
pas de Rome pendant les sept ans
qu'il demeura dans la Péninsule. S'il
resta fidèle à la ville éternelle, nous
ne saurions d'ailleurs nous en plain-
dre, puisqu'il y composa les *Antiquitez*,
les *Poemata* où se sent le doux air
du Tibre au dire de Colletet et les
Regrets, ce chef-d'œuvre entre tous !

En ce qui concerne Montaigne, il
est à regretter qu'il n'ait pas poussé
jusqu'à Naples en l'année 1580. Le site
de la ville, le golfe, la Campanie lui
auraient causé d'autant plus d'admiration qu'il aima toujours les beautés
naturelles. Il est même à remarquer
que la nature, la vue de la nature lui
cause plus de plaisir que les œuvres
d'art qu'il rencontre. A Florence, par
exemple, il mentionne tout au plus
Michel-Ange et s'exprime ainsi sur
la ville merveilleuse : « Je ne sais
» pourquoi, cette ville est surnom-
» mée belle par privilège ; elle l'est,

» mais sans aucune excellence sur
» Bologne, et peu sur Ferrare, et
» sans comparaison au-dessous de
» Venise. »

A Rome, il ne donne qu'une atten-
tion très superficielle à l'art, qui n'est
pour lui qu'un délassement sans influence :

« C'est que la culture intellectuelle
» ne s'était pas encore élevée, en
» France, au niveau qu'elle avait déjà
» atteint en Italie, et qu'on ne con-
» naissait pas, de ce côté-ci des
» monts, le lien étroit, indissoluble,
» qui relie l'un à l'autre le dévelop-
» pement artistique et le développe-
» ment littéraire. On considère l'art
» comme un délassement fort noble
» sans doute mais sans portée et sans
» influence (1). »

Par contre, dans son journal, Montaigne note à chaque instant les sites
agréables entrevus en chemin, s'égaie
aux spectacles que lui donne le paysage.
Telle cette jolie page qu'il écrivit
après son départ de Rome, où il venait de faire un séjour de quatre mois

----

(1) Bonnefon, *Montaigne et ses amis*, p. 26.

et demi. Montaigne se dirigeait vers
Spolète, Lorette et la Marche d'Ancône en traversant les Apennins.
Comment ne pas goûter ce charmant
tableau tracé au sortir de Foligno :
« Nous nous rejetâmes au chemin de
» la montagne, où nous retrouvions
» force belles plaines, tantôt à la tête,
» tantôt au pied du mont. Mais, sur
» le commencement de cette matinée,
» nous eûmes quelque temps un très
» bel objet de mille diverses collines,
» revêtues de toutes parts de très
» beaux ombrages, de toutes sortes
» de fruitiers et des plus beaux blés
» qu'il est possible, souvent en lieu
» si coupé et si précipiteux, que c'é-
» tait miracle que seulement les che-
» vaux puissent avoir accès. Les plus
» beaux vallons, un nombre infini de
» ruisseaux, tant de maisons et vil-
» lages par-ci par-là qu'il me ressou-
» venait des avenues de Florence, sauf
» que ici il n'y a nul palais ni maison
» d'apparence ; et là le terrain est
» sec et stérile pour la plupart, là où
» en ces collines il n'y a pas un pouce
» de terrain inutile. Il est vrai que la
» saison du printemps les favorisait.
» Souvent, bien loin, au-dessus de
» nos têtes nous voyons un beau vil-

» lage, et sous nos pieds, comme aux
» antipodes, un autre, ayant chacun
» plusieurs commodités et diverses ;
» cela même n'y donne pas mauvais
» lustre que, parmi ces montagnes si
» fertiles, l'Apennin montre ses têtes
» renfrognées et inaccessibles, d'où
» on voit rouler plusieurs torrents
» qui, ayant perdu cette première
» furie, se rendent là tôt après dans
» ces vallons des ruisseaux très plai-
» sants et très doux. Parmi ces bosses,
» on découvre, et au haut, au bas,
» plusieurs riches plaines, grandes
» parfois à perte de vue par certains
» biais du prospect. Il ne me semble
» pas que nulle peinture puisse re-
» présenter un si riche paysage. »

Après une semblable peinture, il
est fort à présumer que Montaigne
eût consacré au golfe de Naples
maints charmants croquis du *Journal*,
sans parler des savoureuses réflexions
sur l'antiquité et l'archéologie qui
eussent trouvé leur place dans les
Essais.

Si Montaigne n'est pas venu à Naples, Brantôme, lui, y a séjourné
par deux fois. Mais ni dans les *Vies*

des Dames Galantes ni dans celles des *Capitaines français ou étrangers* nous n'en trouvons un écho. A la vérité, il a consacré dans ses *Vies des Dames illustres* un chapitre aux deux reines Jeanne dont j'ai parlé dans mon livre sur Naples. Mais, pas plus en 1559, date de son premier séjour, qu'en 1565 où il traversa Naples afin de prendre part à l'expédition qui s'était formée pour secourir le grand Maître des chevaliers de Saint-Jean de Malte, attaqué par Soliman, il ne fit allusion à son arrêt dans cette ville. Il y avait été cependant accueilli, les deux fois, avec une bienveillance particulière, par Marie d'Aragon, marquise del Vasto, femme du vice-roi. Lorsque sur le tard, à l'imitation de son voisin Michel de Montaigne, Brantôme se mit à écrire, ou, selon son expression « à chaffourer le papier », que n'a-t-il, « en faisant la » revue de sa vie passée, de ce qu'il » avait vu et de ce qu'il avait ap- » pris », laissé courir sa plume pour nous conter, ses entretiens avec la jolie marquise, qui lui fut si peu cruelle, dans le cadre splendide de la baie de Naples. Mais où sont les neiges d'antan !

III

F.-M. MISSON. — LE PRÉSIDENT
DE BROSSES

Il faut franchir près de deux cents ans pour arriver au premier voyageur français ayant parlé de Naples. François-Maximilien Misson, né à Lyon vers le milieu du xviie siècle et mort à Londres en 1722, passa en Angleterre après la révocation de l'édit de Nantes. Il devint précepteur du comte d'Arrau et voyagea avec son élève en Allemagne, en Hollande et en Italie. Son *Nouveau voyage en Italie* qui parut à la Haye en 1691 fut de ses nombreux ouvrages celui qui eut le plus de succès.

Nature enthousiaste, Misson octroie de merveilleux éloges aux édifices publics et à Naples en général. Il loue les églises, les richesses immenses qui y sont prodiguées, et il admire en artiste les maîtres-autels et les tabernacles ornés de marbres et de pierres précieuses à profusion.

Mais il insiste à peine sur la beauté

du site qui semble pour lui d'une importance secondaire, et c'est pourquoi je ne donne pas des extraits de son livre, précieux néanmoins en raison des renseignements de toutes sortes qu'on y peut puiser.

Tout autre est le président de Brosses (1739) qui prétend que la situation est ce qu'il y a de plus beau à Naples.

Malheureusement, le président de Brosses a un grave défaut en voyage ; il est hanté à chaque instant par le souvenir des cités précédemment entrevues. Or, quand on visite une ville d'Italie, il est bon d'oublier celles qu'on a vues auparavant. Il faut aller de nouveauté en nouveauté, en abolissant pour ainsi dire, tout souvenir et en refrénant sa mémoire. Sans cette précaution, le spectateur se prive de la joie d'admirer, et c'est ce qui arrive au président de Brosses lorsque, se promenant dans Naples, il ne cesse de la comparer à Rome, à Gênes, à Venise. Lisez plutôt :

« La situation de Naples et celle de
» Gênes ont beaucoup de rapport entre
» elles ; toutes deux au fond d'une
» espèce de golfe, et étendues en

» demi-lune, le long du rivage, contre
» un rocher. Je dis que celle de Gênes
» est préférable. Il me semble que ce
» n'est pas le sentiment commun ;
» mais je vous jure que c'est le mien :
» la raison m'en paraît sensible. Il y
» a eu place à Naples pour bâtir entre
» la mer et la montagne ; en sorte que
» la ville est en quelque façon plate,
» à l'exception des Chartreux et du
» fort Saint-Elme, situés au-dessus
» de la montagne. A Gênes, au con-
» traire, le pied du rocher touche
» quasi la mer ; ainsi on a été obligé
» de construire à mi-côte, tout en
» amphithéâtre, ce qui, joint à l'ex-
» haussement prodigieux des bâti-
» ments, forme un aspect bien plus
» magnifique. Arrivez par mer en ces
» deux villes, et je m'assure que vous
» serez de mon sentiment : à cela
» près, Naples mérite la préférence. Le
» climat y est tout autrement riche et
» riant, sa baie est si bien ramassée
» qu'on en voit tout le tour d'un coup
» d'œil. Le coteau du Pausilippe la ter-
» mine d'un côté ; de l'autre le mont
» Vésuve, et, plus loin, le cap de Sor-
» rento, en face de l'île de Caprée, la
» ferme et fait perspective à la ville.
» Tout le long, depuis le Pausilippe

» jusqu'au môle du château de l'Œuf,
» règne une espèce de large rue appe-
» lée la *Piaggia* (la plage), vulgaire-
» ment *Chiaja*, bordée de maisons
» d'un côté, et de l'autre ouverte sur
» la mer. C'est véritablement un des
» beaux aspects qu'il y ait ; aussi le
» vante-t-on beaucoup, et on a rai-
» son. »

» Il décrit en ces termes l'intérieur
de la ville :

» La rue de Tolède est certaine-
» ment la plus longue et la plus belle
» rue qui soit dans aucune ville de
» l'Europe ; mais quoi ! elle est indi-
» gnement défigurée par un demi-pied
» de boue et par deux rangs d'infâmes
» échoppes et boutiques de charcu-
» tiers qui règnent tout le long et
» masquent les maisons. Outre ceci il
» y a en divers quartiers de la ville
» trois ou quatre points de vue qui
» méritent d'être remarqués. Pour le
» surplus, les autres rues sont bor-
» gnes et vilaines. »

Il est pour le peuple d'une exces-
sive sévérité et d'une véritable injustice :

» Ce royaume-ci sera toujours la
» proie du premier occupant, pour
» peu que l'attaquant ait l'avantage

» sur son adversaire. Il n'a point de
» place de défense, et Naples même,
» autant que je m'y puis connaître,
» n'est pas capable d'une grande
» résistance du côté de la mer, étant
» fort exposée et trop ouverte de ce
» côté-là. J'ai peine à croire qu'en
» l'état où sont les choses son château
» de l'Œuf, son château neuf, son
» môle et le fortin qui est au bout,
» l'empêchassent d'essuyer quelque
» fâcheuse insulte. Joignez à cela un
» mal intérieur plus grand et tout à
» fait incurable : c'est l'esprit du bas
» peuple, pervers à l'excès, méchant,
» superstitieux, traître, enclin à la
» sédition et toujours prêt à piller à
» la suite du premier Mazaniello qui
» voudra saisir une occasion favo-
» rable de faire du tumulte. C'est la
» plus abominable canaille, la plus
» dégoûtante vermine qui ait jamais
» rampé sur la surface de la terre. »
Voici comment il apprécie Naples
en tant que capitale (il s'y trouvait
sous Charles IV de Bourbon) :
« A mon sens, Naples est la seule
» ville d'Italie qui sente véritablement
» sa capitale ; le mouvement, l'affluence
» du peuple, l'abondance et le fracas
» perpétuel des équipages, une Cour

» dans les formes et assez brillante,
» le train et l'air magnifique qu'ont
» les grands seigneurs : tout contribue
» à lui donner cet extérieur vivant et
» animé qu'ont Paris et Londres, et
» qu'on ne trouve point du tout à
» Rome. »

Voici un joli tableau tracé en se rendant au Vésuve qu'il décrit avec une extrême minutie :

» Les sommets des arbres et les
» vignobles étendus sous vos pieds,
» comme un tapis à qui les villages
» de Portici, Resina et autres, ainsi
» que les maisons de campagne répan-
» dues tout le long du rivage, serven
» de bordure ; Naples plonge à vu
» d'oiseau : les plaines de la Terre de
» Labour toutes semées de métairies,
» jusqu'aux montagnes *del principato*
» d'Otranto, qui ferment l'aspect à
» droite. A gauche, la mer à perte de
» vue ; le rivage peuplé de bâtiments
» avec ses tours et ses contours, qui
» courent depuis l'entrée du golfe de
» Salerno, depuis le détroit de l'île
» de Capri, tout le long de Naples, du
» Pausilippe, de Procida, Pozzuoli,
» Baja, Cuma, jusqu'à Gaeta, qui fait
» le fond de la décoration. »

D'élégants détails au cours d'une promenade à Pouzzoles et Baïes :

« Nous laissâmes nos chaises au
» pied du Pausilippe pour aller, à la
» pointe du coteau appelée Mergellina,
» rendre visite au tombeau de San-
» nazar, dans l'église des Servites.
» L'église est jolie, et ce tombeau de
» marbre blanc de Carrare, placé der-
» rière l'autel, en fait le principal orne-
» ment ; c'est un très bel ouvrage d'un
» père servite nommé Montorsolo.
» Le buste de Sannazar, entre deux
» petits amours, en fait le couronne-
» ment ; deux statues, l'une d'Apollon
» avec sa lyre, l'autre de Minerve
» avec sa lance, accompagnent le
» tombeau. Elles se sont faites chré-
« tiennes depuis qu'elles sont là,
» et ont pris au baptême les noms de
» David et de Judith. Je ne vous fais
» pas mention de l'épitaphe qui est
» copiée partout. De là j'allai au tom-
» beau de Virgile. »

Après maints renseignements sur le lac Agnano, la Grotte du chien, Pouzzoles, voici en quels termes choisis il décrit le golfe de Baïa :

« Toutes les louanges qu'on a don-
» nées à cette charmante baie ne me
» paraissent point outrées. Quant à la

» vue de la colline et des masures, je
» me représente quel spectacle admi-
» rable c'était que cette lieue demi-
» circulaire de terrain, pleine de mai-
» sons de campagne d'un goût exquis,
» de jardins en amphithéâtre, de ter-
» rasses sur la mer, de temples, de
» colonnes, de portiques, de statues,
» de monuments, de bâtiments dans
» la mer quand on n'avait plus de
» place ou qu'on se lassait d'avoir
» une maison sur la terre. La bonne
» compagnie que l'on trouvait là du
» temps de Cicéron, de Pompée, d'Ho-
» race, Mécénas, Catulle, Auguste !
» Les jolis soupers qu'on allait faire
» en se promenant à pied à la bastide
» de Lucullus, près du promontoire
» de Misène ! Le beau spectacle pour
» sa soirée que ces gondoles dorées,
» ornées tantôt de banderoles de cou-
» leur, tantôt de lanternes ; que cette
« mer couverte de roses ; que ces
» barques pleines de jolies femmes en
» déshabillé galant ; que ces concerts
» sur l'eau pendant l'obscurité de la
» nuit ; en un mot que tout ce luxe si
» vivement décrit et si sottement
» blâmé par Sénèque ! O Napolitains,
» mes amis, que faites-vous de vos
» richesses, si vous ne les employez

» à faire renaître en ce beau lieu ses
» anciennes délices ? »

IV

L'ABBÉ BARTHÉLEMY

Quinze ans plus tard, l'abbé Barthélemy acceptant l'offre que lui faisait M. de Choiseul, ambassadeur
à Rome, de l'emmener en Italie,
se rendait à Naples le 20 décembre
1755. Ses goûts d'antiquaire devaient,
on le comprend, y trouver une ample
satisfaction en raison des découvertes
qui commençaient à s'opérer tant à
Baïa, quà Portici et à Herculanum.
Mais, néanmoins, le site de la ville le
frappe à tel point qu'il le décrit avec
enthousiasme dans une de ses lettres
au comte deCaylus :

« Nous étions dans le casino du
» comte de Gazolles situé à une des
» extrémités de Naples. De la salle à
» manger nous voyions devant nous
» la mer et l'île de Caprée qui termine
» la vue à dix lieues de distance ; à
» notre droite, la montagne de Pau-
» silippe, et les riches maisons dont
» elle est couverte ; à notre gauche,

» le Vésuve, Herculanum, Pompéia
» et toute cette côte qui va rejoindre
» l'île de Caprée. Je n'ai jamais vu
» un plus beau spectacle. »

Le séjour de l'abbé Barthélemy est
employé à rechercher et acquérir
quelques médailles rares pour le cabinet du roi de France. Il passe à
Portici des matinées charmantes :

« Ce village est situé à quatre milles
» de Naples : j'y ai été cinq fois, et
» j'ai presque toujours fait des séances
» de trois à quatre heures dans le
» cabinet des antiques. »

A Pouzzoles, il a fait dresser un
plan très détaillé du temple de Séra-
pis, qu'on y a découvert et qu'il qua-
lifie de monument singulier. Mais les
soins de l'archéologie et la fièvre des
découvertes classiques ne laissent
guère à l'abbé Barthélemy le temps
de regarder la vue. Son séjour à
Naples fut très court, puisque du 14
au 20 janvier 1756 il avait fait un
voyage à Tusculum et à Palestrina
et que, le 28 janvier de cette même
année il écrivait au comte de Caylus
une lettre en date de Rome qu'il
venait de réintégrer.

V

Madame de Staël (*Corinne*)

Un demi-siècle plus tard voici Madame de Staël qui emprunte la voix de Corinne pour magnifier Naples (1807).

Corinne, accompagnée de lord Nelvil, se rend de Rome à Naples par Terracine, confins du royaume :

« C'est là que commence véritable-
» ment le Midi, c'est là qu'il accueille
» les voyageurs avec toute sa magni-
» ficence. Cette terre de Naples, cette
» *campagne heureuse*, est comme sé-
» parée du reste de l'Europe, et par
» la mer qui l'entoure, et par cette
» contrée dangereuse qu'il faut tra-
» verser pour y arriver. On dirait que
» la nature s'est réservée le secret de
» ce séjour de délices, et qu'elle a
» voulu que les abords en fussent
» périlleux. Rome n'est point encore
» le Midi, on en pressent les dou-
» ceurs, mais son enchantement ne
» commence véritablement que sur le
» territoire de Naples. »

Suit cette réflexion si juste ;

« Quand on contemple un beau site

» dans le nord, le climat qui se fait
» sentir, trouble toujours un peu le
» plaisir qu'on pensait goûter ; mais
» en approchant de Naples, vous
» éprouvez un bien-être si parfait,
» une si grande amitié de la nature
» pour nous, que rien n'altère les
» sensations agréables qu'elle nous
» cause. Tous les rapports de l'homme
» dans ces climats sont avec la société.
» La nature, dans les pays chauds,
» met en relation avec les objets exté-
» rieurs, et les sentiments s'y répan-
» dent doucement au dehors. »

Enfin, voici la ville et sa population
animée et oisive à la fois, et voici la
grandiose vision du Vésuve :

« Le fleuve de feu descend vers la
» mer, et ses vagues de flamme, sem-
» blables aux vagues de l'onde, expri-
» ment, comme elles, la succession
» rapide et continuelle d'un infatigable
» mouvement. On dirait que la nature,
» lorsqu'elle se transforme en des
» éléments divers, conserve néan-
» moins toujours quelques traces d'une
» pensée unique et première. »

Parmi les excursions aux environs,
il faut citer une belle page sur
Pompéi :

« La ruine la plus curieuse de l'an-

» tiquité. A Rome, l'on ne trouve
» guère que les débris des monuments
» publics, et ces monuments ne retra-
» cent que l'histoire politique des siè-
» cles écoulés ; mais à Pompéia, c'est
» la vie privée des anciens qui s'offre
» à-vous telle qu'elle était. Le volcan
» qui a couvert cette ville de cendres
» l'a préservée des outrages du temps.
» Jamais des édifices exposés à l'air
» ne se seraient ainsi maintenus, et ce
» souvenir enfoui s'est retrouvé tout
» entier. Les peintures, les bronzes
» étaient encore dans leur beauté pre-
» mière, et tout ce qui peut servir aux
» usages domestiques est conservé
» d'une manière effrayante. Les am-
» phores sont encore préparées pour
» le festin du jour suivant ; la farine
» qui allait être pétrie est encore là ;
» les restes d'une femme sont encore
» ornés de parures qu'elle portait
» dans le jour de fête que le volcan a
» troublé, et ses bras desséchés ne
» remplissent plus le bracelet de pier-
» reries qui les entoure encore. On
» ne peut voir nulle part une image
» aussi frappante de l'interruption
» subite de la vie. Le sillon des roues
» est visiblement marqué sur les pavés,
» dans les rues et les pierres qui bor-

» dent les puits portent la trace des
» cordes, qui les ont creusées peu à
» peu. On voit encore sur les murs
» d'un corps de garde les caractères
» mal formés, les figures grossière-
» ment esquissées que les soldats tra-
» çaient pour passer le temps, tandis
» que ce temps avançait pour les
» engloutir. »

Belle vue sur Naples en montant
au Vésuve :

« A mesure que l'on s'élève on dé-
» couvre, en se retournant, Naples et
» l'admirable pays qui l'environne.
» Les rayons du soleil font scintiller
» la mer comme des pierres pré-
» cieuses ; mais toute la splendeur de
» la création s'éteint par degrés, jus-
» qu'à la terre de cendre et de fumée
» qui annonce l'approche du volcan.
» Les laves ferrugineuses des années
» précédentes tracent sur le sol leur
» large et noir sillon, et tout est aride
» autour d'elles. A une certaine hau-
» teur les oiseaux ne volent plus, à
» telle autre les plantes deviennent
» très rares, puis les insectes même
» ne trouvent plus rien pour subsister
» dans cette nature consumée. Enfin
» tout ce qui a vie disparaît ; vous en-
» trez dans l'empire de la mort, et la

» cendre de cette terre pulvérisée
» roule seule sous vos pieds mal
» affermis.»

Une description du cratère :

» Le vent se fait entendre et se fait
» voir par des tourbillons de flamme,
» dans le gouffre d'où sort la lave.
» On a peur de ce qui se passe au
» sein de la terre, et l'on sent que
» d'étranges fureurs la font trembler
» sous nos pas. Les rochers qui en-
» tourent la source de la lave, sont
» couverts de souffre, de bitume,
» dont les couleurs ont quelque chose
» d'infernal. Un vert livide, un jaune
» brun, un rouge sombre forment
» comme une dissonance pour les
» yeux, et tourmentent la vue, comme
» l'ouïe serait déchirée par ces sons
» aigus que faisaient entendre les sor-
» cières, quand elles appelaient, de
» nuit, la lune sur la terre. »

Plus loin, Sorrente :

» Là demeurait la sœur du Tasse,
» quand il vint en pèlerin demander
» à cette obscure amie un asile contre
» l'injustice des princes; ses longues
» douleurs avaient presque égaré sa
» raison; il ne lui restait plus que du
» génie, il ne lui restait que la con-
» naissance des choses divines, toutes

» les images de la terre étaient trou-
» blées. »

A l'opposé, voici le lac Averne :
« J'aperçois le lac d'Averne, volcan
» éteint, dont les ondes inspiraient
» jadis la terreur ; l'Achéron, le Phlé-
» géton, qu'une flamme souterraine
» fait bouillonner, sont les fleuves de
» cet enfer visité par Enée. »

La ville de Cumes :
« La ville de Cumes, l'antre de la
» Sibylle, le temple d'Apollon, étaient
» sur cette hauteur. Voici le bois où
» fut cueilli le rameau d'or. La terre
» de l'Enéide vous entoure ; et les
» fictions consacrées par le génie sont
» devenues des souvenirs dont on
» cherche encore les traces. »

Un souvenir à Marius :
» Marius s'est réfugié dans ces
» marais de Minturnes, près de la
» demeure de Scipion. »

Enfin, le tombeau d'Agrippine :
« Le tombeau d'Agrippine est sur
» ces bords, en face de l'île de Caprée ;
» il ne fut élevé qu'après la mort de
» Néron ; l'assassin de sa mère pros-
» crivit aussi ses cendres. Il habita
» longtemps à Baïes, au milieu des
» souvenirs de son forfait. Quels
» monstres le hasard rassemble sous

» nos yeux ! Tibère et Néron se re-
» gardent.»

VI

CHATEAUBRIAND

Après Mme de Staël, Chateaubriand. Le grand écrivain va célébrer
en termes magnifiques la baie de
Naples. On ne peut passer sous
silence de telles pages.

En 1804, après la mort de Mme de
Beaumont, qui l'avait suivi en Italie
où il occupait un des postes du secréta-
riat de l'ambassade de France, dont le
cardinal Fesch était le représentant,
Chateaubriand « déterminé, dit-il, à
» quitter la carrière des affaires où des
» malheurs personnels étaient venus
» se mêler à la médiocrité du travail
» et à d'infimes tracasseries politi-
» ques(1)», partit de Rome et se ren-
dit à Naples :

« Là commença une année sans
» Mme de Beaumont ; année d'ab-
» sence, que tant d'autres devaient

(1) *Mémoires d'Outre-tombe*, t. **II**,

» suivre ! Je n'ai point revu Naples
» depuis cette époque, bien qu'en 1827
» je fûsse à la porte de cette même
» ville, où je me promettais d'aller
» avec Mme de Chateaubriand. Les
» orangers étaient couverts de leurs
» fruits, et les myrtes de leurs
» fleurs. Baïes, les Champs-Elysées
» et la mer étaient des enchantements
» que je ne pouvais plus dire à per-
» sonne. J'ai peint la baie de Naples
» dans les *Martyrs*. Je montai au
» Vésuve et descendis dans son cra-
» tère. Je me pillais : je jouais une
» scène de René. »

Voyons donc cette peinture de la
baie de Naples, et pour ce, reportons-
nous à ces *Martyrs* auxquels l'écrivain
fait allusion. Eudore s'y exprime en
ces termes :

» J'habitais sur le penchant du
» mont Pausilippe. Chaque matin,
» aussitôt que l'aurore commençait à
» paraître, je me rendais sous un por-
» tique qui s'étendait le long de la
» mer. Le soleil se levait devant moi
» sur le Vésuve : il illuminait de ses
» feux les plus doux la chaîne des
» montagnes de Salerne, l'azur de la
» mer parsemée des voiles blanches
» des pêcheurs, les îles de Caprée, et

» d'Œnaria et de Prochyta (1), la
» mer, le cap Misène et Baïes avec
» tous ses enchantements. »

Plus loin il s'exprime ainsi :

« Peut-être est-il des climats dan-
» gereux à la vertu par leur extrême
» volupté. Et n'est-ce point ce que
» voulut enseigner une fable ingé-
» nieuse, en racontant que Parthénope
» fut bâtie sur le tombeau d'une sirène?
» L'éclat velouté de la campagne, la
» tiède température de l'air, les con-
» tours arrondis des montagnes, les
» molles inflexions des fleuves et des
» vallées sont à Naples autant de sé-
» ductions pour les sens que tout re-
» pose et que rien ne blesse. »

Citons maintenant ce passage :

« J'allais consulter le rivage où
» Pline fut la victime du même amour,
» interroger les cendres d'Hercu-
» lanum, chercher la cause des bruits
» menaçants de la solfatare. J'allais,
» un *Virgile* à la main, parcourant les
» bords que chanta ce poète immortel,
» le lac Averne, la grotte de la Sibylle,
» l'Achéron, le Styx, l'Elysée ; je
» me plaisais surtout à relire les mal-
» heurs de Didon, au tombeau du

____

(1) Ischia et Procida.

7.

» tendre et beau génie qui raconta la
» touchante histoire de cette reine
» infortunée. »

Enfin cette page magnifique sur le
tombeau de Scipion :

« Un jour, errant aux environs de
» Baïes, nous nous trouvâmes auprès
» de Literne (1) Le tombeau de Scipion
» l'Africain frappa tout à coup nos
» regards : nous approchâmes avec
» respect. Le monument s'élève au
» bord de la mer. Une tempête a ren-
» versé la statue qui le couronnait.
» On lit encore cette inscription sur
» la table du sarcophage :

Ingrate patrie, tu n'auras pas mes os.

» Nos yeux s'humectèrent de larmes
» au souvenir de la vertu et de l'exil
» du vainqueur d'Annibal. La gros-
» sièreté même du sépulcre, si frap-
» pante auprès des superbe mausolées
» de tant d'hommes inconnus qui
» couvrent l'Italie, servait à redoubler
» notre attendrissement. Nous n'o-
» sâmes pas nous reposer sur le
» tombeau même, mais nous nous
» assîmes à sa base, gardant un reli-
» gieux silence, comme si nous eus-
» sions été au pied d'un autel.»

(1) Patria.

VII

LAMARTINE (*Graziella*)

Après de tels passages, il semble superflu de nommer et de transcrire d'autres auteurs. Et pourtant voici un petit livre qui a nom *Graziella*, et dont les pages égalent en beauté tout ce qui a été écrit et tout ce qui s'écrira jamais sur Naples et ses environs. Il faut mêler à ce site si beau l'épisode de *Graziella*. Il en fait partie intégrante et il est, formulé par un homme de génie, le commentaire vivant et chaud des paysages napolitains. Trop de lecteurs n'ont vu dans le mince volume de Lamartine que le côté sentimental d'une histoire d'amour, assurément délicieuse, mais dont les péripéties empêchent de goûter le charme si intense et si exact des descriptions dont elle est émaillée à chaque instant.

Dans *Graziella*, Lamartine atteint à des hauteurs poétiques telles, qu'un pareil livre suffirait à immortaliser l'écrivain qui l'aurait composé.

Lamartine débute ainsi :

Je voulus voir Naples. C'est le tombeau de Virgile et le berceau du Tasse qui m'y attiraient surtout. Les pays ont toujours été pour moi des hommes. Naples, c'est Virgile et le Tasse. Il me semblait qu'ils avaient vécu hier et que leur cendre était encore tiède. Je voyais d'avance le Pausilippe et Sorrente, le Vésuve et la mer à travers l'atmosphère de leurs beaux et tendres génies.

Nul n'a dépeint comme lui les commencements de l'été :

... où le golfe de Naples, bordé de ses collines, de ses maisons blanches, de ses rochers tapissés de vignes grimpantes et entourant sa mer plus bleue que son ciel, ressemble à une coupe de vert antique qui blanchit d'écume, et dont le lierre et le pampre festonnent les anses et les abords.

Un jour, Alphonse de Lamartine et son ami Aymond de Virieu rencontrent un vieux pêcheur :

En parcourant la plage de la Mergellina, qui s'étend sous le tombeau de Virgile, au pied du mont Pausilippe, et où les pêcheurs de Naples tirent leurs barques sur le sable et raccommodent leurs filets, nous vîmes un viellard encore robuste.

Sur leurs instances, le pêcheur consent à les prendre dans sa barque :

La première nuit fut délicieuse. La mer était calme comme un lac encaissé dans les montagnes de la Suisse. A mesure que nous nous éloignions du rivage, nous voyions les langues de feu des fenêtres du palais et des quais de Naples s'ensevelir sous la ligne sombre de l'horizon. Les phares seuls nous montraient la côte. Ils pâlissaient devant la légère colonne de feu qui s'élançait du cratère du Vésuve.

Pendant deux mois, Lamartine et Virieu menèrent ainsi l'existence la plus charmante :

Nous écumâmes tour à tour tous les flots de la mer de Naples. Nous visitâmes ainsi l'île de Capri, d'où l'imagination repousse encore l'ombre de Tibère ; Cumes et ses temples ensevelis sous les lauriers touffus et sous les figuiers sauvages ; Baïa et ses places mornes, qui semblent avoir vieilli et blanchi comme ces Romains dont elles abritaient jadis la jeunesse et les délices ; Portici et Pompeïa, riants sous la lave et sous la cendre du Vésuve ; Castellamarre, dont les hautes et noires forêts de lauriers et de châtaigniers sauvages, en se répétant dans la mer, teignent en vert sombre les flots toujours murmurants de la rade. »

Tantôt ils partaient par un temps calme :

... une mer d'huile, que ne ridait aucun souffle, pour aller pêcher des rougets et les premiers thons sur la côte de Cumes, où les courants les jettent dans cette saison. Les brouillards roux du matin flottaient à mi-côte et annonçaient un coup de vent pour le soir.

Tantôt, ils regardaient du large la vue idéale s'étalant à leurs yeux :

Les montagnes mêmes de la côte de Naples, ainsi que les eaux et le ciel, semblaient nager dans un fluide plus limpide et plus bleu que pendant le mois des grandes chaleurs, comme si la mer, le firmament et les montagnes eussent déjà senti ce premier frisson de l'hiver, qui cristallise l'air et le fait étinceler comme l'eau figée des glaciers.

Un jour la tempête les surprend :

Nous étions déjà à demi engagés dans le canal qui sépare le cap Misène de l'île grecque de Procida.

Ils veulent s'engager dans le canal, mais le vent s'y engouffre avec une telle force qu'il rend presque impossible la manœuvre de la barque:

Nous avancions peu. La nuit était tombée. La poussière, l'écume, les nuages que le vent roulait en lambeaux déchirés sur le canal, en redoublaient l'obscurité.

Après beaucoup de peine, la barque parvient dans les eaux du milieu de l'île de Procida, où le vieux pêcheur possédait une cabane. La barque amarrée :

..., nous gravîmes contre le flanc de la falaise une espèce de rampe étroite où le ciseau avait creusé dans le rocher des degrés inégaux, tout glissants de la poussière de la mer.

Un gros figuier et quelques ceps tortueux de vigne se penchaient de là sur l'angle de la maison, en confondant leurs feuilles et leurs fruits sous les ouvertures de la galerie et en jetant deux ou trois festons serpentant sur le mur d'appui des arcades.

Voici maintenant la splendide apparition de Graziella, réveillée par les voyageurs heurtant à l'huis. C'est l'image même de la grâce :

De ses longs cheveux noirs, la moitié tombait sur une de ses joues ; l'autre moitié se tordait autour de son cou, puis, emportée de l'autre côté de son épaule par le vent qui soufflait avec force, frappait le volet entr'ouvert et revenait lui fouetter le visage, comme l'aile d'un corbeau battue du vent. . . . .

Ses yeux, ovales et grands, étaient de cette couleur indécise entre le noir foncé et le bleu de mer, qui adoucit le rayonnement par l'humidité du regard, et qui mêle à proportions égales dans des yeux de femme la tendresse de l'âme avec l'énergie de la passion : teinte céleste, que les yeux des femmes de l'Asie et de l'Italie empruntent au feu brûlant de leur jour de flamme et à l'azur serein de leur ciel, de leur mer et de leur nuit. Les joues étaient pleines, arrondies, d'un contour ferme, mais d'un teint un peu pâle et un peu bruni par le climat, non de cette blancheur saine du Midi, qui ressemble à la couleur du marbre exposé depuis des siècles à l'air et aux flots. La bouche dont les lèvres étaient plus ouvertes et plus épaisses que celles des femmes de nos climats, avait les plis de la candeur et de la bonté. Les dents, courtes, mais éclatantes, brillaient aux lueurs flottantes de la torche comme des écailles de nacre aux bords de la mer sous la moire de l'eau frappée du soleil.

Ils prennent un frugal repas composé en grande partie de coquillages frais et de concombres découpés :

Des raisins muscats aux longues grappes jaunes, cueillis le matin par Graziella, conservés sur leur tige et sous leurs feuilles, et servis sur des corbeilles plates d'osier tressé, formaient le dessert. Une tige ou deux de fenouil vert et cru trempé dans le poivre, et dont l'odeur d'anis parfume les lèvres et relève le cœur, nous tenaient lieu de liqueurs et de café, selon l'usage des marins et des paysans de Naples.

Le vent et la grosse mer retinrent neuf jours entiers Lamartine et son ami dans l'île de Procida. Je transcris les pages qui suivent, car elles résument, en quelque sorte, la vie des habitants de ces îles fortunées :

Nous éveiller au cri des hirondelles qui effleuraient notre toit de feuilles sur la terrasse où nous avions dormi ; écouter la voix enfantine de Graziella qui chantait à demi-voix dans la vigne, de peur de troubler le sommeil des étrangers ; descendre rapidement à la plage pour nous plonger dans la mer et nager quelques minutes dans une petite calanque dont le sable fin brillait à travers la transparence d'une eau profonde, et où le mouvement et l'écume de la haute mer ne pénétraient pas ; remonter lentement à la maison en séchant et en réchauffant au soleil nos cheveux et nos épaules trempées par le bain ; déjeuner dans la vigne d'un morceau de pain et de fromage de buffle, que la jeune

fille nous apportait et rompait avec nous ;
boire l'eau claire et rafraîchie de la source
puisée par elle dans une petite jarre de
terre oblongue qu'elle penchait en rougis-
sant sur son bras, pendant que nos lèvres
se collaient à l'orifice ; aider ensuite la famille dans les mille petits travaux rusti-
ques de la maison et du jardin ; relever
les pans de mur de clôture qui entouraient
la vigne et qui supportaient les terrasses ;
déraciner de grosses pierres qui avaient
roulé, l'hiver, du haut de ces murs sur les
jeunes plants de vigne, et qui empiétaient
sur le peu de culture qu'on pouvait prati-
quer entre les ceps ; apporter dans le cel-
lier les grosses courges jaunes dont une
seule était la charge d'un homme ; couper
ensuite leurs filaments qui couvraient la
terre de leurs larges feuilles et qui em-
barrassaient les pas dans leurs réseaux ;
tracer entre chaque rangée de ceps, sous
les treilles hautes, une petite rigole dans
la terre sèche, pour que l'eau de la pluie
s'y rassemblât d'elle-même et les abreuvât
plus longtemps ; creuser, pour le même
usage, des espèces de puits en entonnoir
au pied des figuiers et des citronniers :
telles étaient nos occupations matinales,
jusqu'à l'heure où le soleil dardait d'aplomb
sur le toit, sur le jardin, sur la cour, et
nous forçait à chercher l'abri des treilles.
La transparence et le reflet des feuilles de
vigne y teignaient les ombres flottantes
d'une couleur chaude et un peu dorée.

Le soir, Lamartine traduisait à la
famille du vieux pêcheur, *Paul et Virginie*. En écoutant ce récit :

Graziella sentait son âme jusque-là dormante se révéler à elle dans l'âme de Virginie. Elle semblait avoir mûri de six ans dans cette demi-heure. Les teintes orageuses de la passion marbraient son front, le blanc azuré de ses yeux et de ses joues. Merveilleuse puissance d'un livre qui agit sur le cœur d'une enfant illettrée et d'une famille ignorante avec toute la force d'une réalité, et dont la lecture est un événement dans la vie du cœur !

Hélas ! l'enfant apprenait peu à peu le langage de la passion...

Et plus tard quelle éclosion ravissante de la jeune fille en jeune femme :

Ses formes sveltes se transformaient à vue d'œil en contours plus suaves et plus arrondis par l'adolescence. Sa stature prenait de l'aplomb, sans rien perdre de son élasticité. Ses beaux pieds nus ne foulaient plus si légèrement le sol de la terre battue ; elle les traînait avec cette indolence et cette langueur qui semblait imprimer à tout le corps le poids des premières pensées amoureuses de la femme.

Je n'aurais garde d'oublier le portrait de Graziella sortant le dimanche dans les rues de Naples, parce qu'il est le portrait type des contadines, telle qu'on les trouve encore à Ischia et à Procida. Graziella avait comme les femmes de son île :

...des mouchoirs de soie rouge pour pendre, derrière la tête, en long triangle sur les épaules ; des souliers sans talon, qui n'emboîtent que les doigts du pied, brodés de paillettes d'argent ; des soubrevestes de soie rayée de noir et de vert : ces vestes, galonnées sur les coutures flottent ouvertes sur les hanches ; elles laissent apercevoir par devant la finesse de la taille et les contours du cou orné de colliers ; enfin de larges boucles d'oreilles ciselées, où les fils d'or s'entrelacent avec de la poussière de perles ;... des vêtements de lourde laine ; la soubreveste galonnée à la mode de Procida, qui s'entr'ouve sur la poitrine pour laisser la respiration à la jeune fille et la source de vie à l'enfant ; les pantoufles à paillettes d'or et au talon de bois, dans lesquelles jouaient ordinairement ses pieds nus ; les longues épingles à boules de cuivre qui enroulaient transversalement sur le sommet de sa tête ses cheveux noirs, comme une vergue enroule la voile sur la barque. Ses boucles d'oreilles, larges comme des bracelets, étaient jetées confusément sur son lit avec ses habits du matin.

Le livre se termine par les strophes admirables où sous ce titre, *Premier regret*, le poète, vingt ans plus tard, apercevant dans une église de Paris, le cercueil d'une jeune fille, retrouvait pour célébrer son chaste amour avec Graziella, morte de désespoir et de langueur après que Lamartine, rappelé par les siens, eut quitté Naples, des accents d'une émotion qui arrache des larmes.

Or, ne faut-il pas, je le demande, qu'un climat ait quelque

chose de bien rare pour inspirer de tels vers ? Comment n'en pas citer quelques extraits :

Sur la plage sonore où la mer de Sorrente
Déroule ses flots bleus au pied de l'oranger,
Il est, près du sentier, sous la haie odorante,
Une pierre petite, étroite, indifférente
    Aux pieds distraits de l'étranger.

La giroflée y cache un seul nom sous ses gerbes.
Un nom que nul écho n'a jamais répété !
Quelquefois cependant le passant arrêté,
Lisant l'âge et la date en écartant les herbes,
Et sentant dans ses yeux quelques larmes courir,
Dit : « Elle avait seize ans ! c'est bien tôt pour
                  [mourir ! »

. . . .

Que son œil était pur et sa lèvre candide !
Que son œil inondait mon regard de clarté !

. . . .

Dans cette âme, avant elle, on voyait ses
                  [pensées !

. . . .

Nulle ombre ne voilait ce ravissant visage ;
Ce rayon n'avait pas traversé de nuage !
Son pas insouciant, indécis, balancé,
Flottait comme un flot libre où le jour est bercé.
On courait pour courir ; et sa voix argentine,
Echo limpide et pur de son âme enfantine,
Musique de cette âme où tout semblait chanter,
Egayait jusqu'à l'air qui l'entendait monter !
Mon image en son cœur se grava la première.
Comme dans l'œil qui s'ouvre, au matin, la lu-
                  [mière,
Elle ne regarda plus rien après ce jour ;
De l'heure qu'elle aima, l'univers fut amour !

. . . .

Avant moi, cette vie était sans souvenir.

. . . .

.... Quand je partis, tout trembla dans cette âme ;
Le rayon s'éteignit, et sa mourante flamme
Remonta dans le ciel pour n'en plus revenir ;
Elle n'attendait pas un second avenir.

Elle ne languit pas de doute en espérance,
Et ne disputa pas sa vie à la souffrance ;
Elle but d'un seul trait le vase de douleur ;
Dans sa première larme elle noya son cœur !
Et semblable à l'oiseau moins pur et moins beau
[qu'elle,
Qui le soir, pour dormir, met le cou sous son
[aile,
Elle s'enveloppa d'un muet désespoir,
Et s'endormit aussi, mais bien avant le soir !

.   .   .   .

C'est ainsi, conclut Lamartine, que j'expiai par
ces larmes écrites la dureté et l'ingratitude de mon
cœur de dix-huit ans. Je ne puis jamais relire ces
vers sans adorer cette fraîche image que rouleront
éternellement pour moi les vagues transparentes
et plaintives du golfe de Naples… et sans me haïr
moi-même ! Mais les âmes pardonnent là-haut.
La sienne m'a pardonné. Pardonnez-moi aussi,
vous !! J'ai pleuré.

Comme ces vers, d'ailleurs, sont
plus simples et plus beaux que les
strophes sur le *Golfe de Baya* (1),
écrites en 1813 :

Horace dans ce frais séjour,
Dans une retraite embellie
Par les plaisirs et le génie
Fuyait les pompes de la cour ;
Properce y visitait Cynthie,
Et sous les regards de Délie

Tibulle y modulait les soupirs de l'amour ;
Plus loin, voici l'asile où vint chanter le Tasse,
Quand, victime à la fois du génie et du sort,
Errant, dans l'univers, sans refuge et sans
[port,
La pitié recueillit son illustre disgrâce.
Non loin des mêmes bords plus tard il vint
[mourir ;
La gloire l'appelait, il arrive, il succombe…

.   .   .   .

(1) 21ᵉ des *Méditations poétiques*.

8.

Colline de Baya! poétique séjour!
Voluptueux vallon qu'habita tour à tour
   Tout ce qui fut grand dans le monde,
Tu ne retentis plus de gloire ni d'amour.
   Pas une voix qui me réponde
   Que le bruit plaintif de cette onde
Ou l'écho réveillé des débris d'alentour!
   Ainsi tout change, ainsi tout passe ;
   Ainsi nous-mêmes nous passons,
   Hélas ! sans laisser plus de trace
   Que cette barque où nous glissons
   Sur cette mer où tout s'efface.

Quant au poème sur *Ischia* (1) et aux *Adieux à Naples* (2), le manque de simplicité y nuit si fort, selon moi, à la grâce des vers, que je trouve superflu de les citer ici.

On ne me reprochera pas, je l'espère, de m'être attardé à ces lumineuses pages de *Graziella*. Elles donnent une image exacte de cette vive nature campanienne. Et l'on y trouve, à côté de la fiction, maintes remarques sur la population napolitaine digne, à mon sens, d'être étudiée de très près, tant elle est spéciale, tant elle diffère, par ses origines multiples, de la population des autres provinces italiennes.

(1) 2ᵉ des *Nouvelles Méditations.*

(2) 21ᵉ, *id.*

VIII

Shelley

Lord Byron me semblait tout indiqué dans cette galerie des auteurs ayant magnifié le site napolitain. Malheureusement, il n'en a pas parlé. Ni le pèlerinage de *Childe Harold* ni *Don Juan* ne contiennent de strophes à l'adresse de Naples. L'auteur vécut cependant à Pise auprès de son ami Shelley, vers 1821. Les deux poètes se voyaient souvent au palais Lanfredini, mais Byron ne s'installa pas, auprès de Shelley, dans le golfe de la Spezzia qui, avec celui de Naples, est le plus beau d'Italie, malgré son aspect sévère. Il faut regretter que le poète anglais n'ait pas sur ces bords partagé la vie de son ami Shelley : il aurait conduit, à coup sûr, un de ses héros à Naples. Byron d'ailleurs portait à l'Italie un amour passionné. N'était-elle pas la patrie de la comtesse Guiccioli? Il ne faut pas oublier dans le poème de *Childe Harold* cette apostrophe :

« Italie ! ô Italie ! à ton aspect, l'é-
» clat soudain des siècles passés

» vient éblouir mon âme ; depuis le
» jour où le fier Carthaginois fut à la
» veille de te conquérir, jusqu'au
» siècle de tes derniers héros et des
» sages Romains qui illustrent tes
» annales, tu fus le trône et le tom-
» beau des empires, et, encore au-
» jourd'hui, le mortel que tourmente
» la soif de la science, en va chercher
» la source éternelle aux sept collines
» que Rome impériale renferme dans
» son enceinte. »

Et plus loin :

« Terre de prédilection où la na-
» ture se plut à modeler de ses cé-
» lestes mains le type du héros, des
» hommes libres, de la beauté, du
» courage, des maîtres de la terre et
» des mers, une république de rois,
» les citoyens de Rome ; depuis ce
» temps, belle Italie, tu fus toujours
» et tu es encore le jardin de l'uni-
» vers, un séjour que les arts et la
» nature embellissent à l'envi : tu n'es
» plus qu'un désert en comparaison
» de ce que tu fus ; mais qui peut en-
» core te le disputer en attraits ? Les
» ronces mêmes que tu produis sont
» belles, et ton sol aride est plus riche
» que les terres les plus fertiles des
» autres climats ; ta ruine est un tro-

» phée de la gloire, et les débris qui
» te couvrent sont ornés d'un charme
» que rien ne peut t'enlever. »

Enfin, toujours dans *Childe Harold*,
il écrit ces lignes prophétiques :

« Cependant, Italie, vainement l'his-
» toire de tes fautes serait répétée
» sans cesse par toutes les nations ;
» reine des arts, comme tu l'as été de
» la guerre, ton bras redoutable fut
» autrefois notre sauvegarde, tu es
» encore notre guide; mère de notre
» religion, les peuples s'agenouillent
» à tes pieds pour obtenir les clefs du
» ciel ! L'Europe repentante de son
» parricide brisera un jour tes fers.
» Je crois voir déjà reculer avec
» épouvante les flots de Barbares qui
» ont inondé tes campagnes, je les
» entends implorer ta pitié ! »

Shelley, lui, dans une escale qu'il
fit à Naples, séduit par le climat et la
douceur de la vie s'exprime ainsi :

« Le soleil est chaud, le ciel est
» clair, les vagues dansent rapides et
» brillantes; les îles bleues et les
» montagnes de neige sont revêtues
» de la pourpre transparente du midi;
» le souffle de la terre est une rosée
» de lumière qui s'épand autour de
» ses bourgeons humides. Seul je suis

» assis sur les sables au bord de la
» mer, l'éclair de l'Océan flamboie
» autour de moi, et un son s'élève de
» son mouvement mesuré. Combien
» doux il serait, si maintenant un
» cœur partageait mon émotion ! »

Mais en ce qui concerne Byron, ce poète a trouvé de profonds accents pour célébrer Rome et Venise, et l'on pourrait établir parfois de curieux rapprochements entre *Childe Harold* et les *Chants* de Casimir Delavigne sur l'Italie, les mêmes lieux inspirant parfois les mêmes images à ces poètes, bien que les mêmes situations produisissent entre eux des sensations différentes.

IX

CASIMIR DELAVIGNE

Casimir Delavigne aima profondément l'Italie. Il fut l'un des premiers poètes français à célébrer en vers les beautés de la Péninsule.

Mais chose étrange ! il ne trouve pas pour Naples les accents qui l'inspirèrent en l'honneur de Rome quand il s'écrie :

Non, tu ne connais pas encor
Ce sentiment d'ivresse et de mélancolie

Qu'inspire d'un beau jour la splendeur affaiblie,
   Toi qui n'a pas vu les flots d'or,
Où nage à son couchant un soleil d'Italie,
Inonder du Forum l'enceinte ensevelie
Et le temple détruit de Jupiter Stator !
Non, tu ne connais pas l'irrésistible empire
Des beautés qu'il déploie au moment qu'il ex-
                     [pire,
Si tes yeux n'ont pas vu son déclin vif et pur,
Qui s'éteint par degrés sur Albane et Tibur,
Verser les derniers feux d'une ardeur épuisée
   À travers le brillant azur
   Des portiques du Colisée !

Ou quand il adresse de beaux adieux à la Ville éternelle :

   Rome pour la dernière fois
   Je parcours ta funèbre enceinte :
   Inspire les chants dont ma voix
   Va saluer ta gloire éteinte.

   Luis dans mes vers, astre éclipsé
   Dont la splendeur fut sans rivale ;
   Ombre éclatante du passé,
   Le présent n'a rien qui t'égale.

   Adieu, Forum, que Cicéron
   Remplit encor de sa mémoire !
   Ici, chaque pierre a son nom,
   Ici, chaque débris sa gloire.

   Je passe, et mes pieds ont foulé
   Dans ce tombeau d'où sortit Rome,
   Les restes d'un dieu mutilé
   Ou la poussière d'un grand homme.

Dans l'épilogue de ses *Chants sur l'Italie*, après une apostrophe à Rome et à Venise, il s'écrie cependant :

Mais Naple a de beaux jours, des jours plus
                    [beaux encore,
Un ciel plus transparent, plus pur, plus radieux ;
Regarder c'est jouir, quand Naple se colore
De la teinte du soir qui rafraîchit vos yeux,
Ou sort avec ses monts des vapeurs de l'aurore.

Le soleil à lui seul remplit le firmament,
Quand ses ardents rayons la couvrent tout en-
[tière.
Brûlent les flancs bronzés du Vésuve fumant,
Et qu'aux feux du midi le golfe s'enflammant
Roule à vos pieds l'azur, l'écume et la lumière.
Et ce soleil pourtant, ces jours dont Naple est
[fière,
Ces belles nuits, ces monts, ces flots éblouis-
[sants,
Cet océan de feu ne parlent qu'a mes sens.

Il a parfois de gracieux vers sur les environs :

Entre le doux Sorrente où la grappe dorée
Se marie au citronnier vert,
Et les rochers aigus de la pâle Caprée...

Cette jolie allusion au Tasse :

Ce chantre harmonieux que Sorrente a vu naître:
Le Tasse errait encor dans l'asile enchanté
Où l'amour d'une sœur recueillit sa misère;
    Du sein de l'immortalité.

Très lettré, Delavigne devait se complaire aux lieux marqués à l'empreinte de l'antiquité. Ainsi, à tout instant, au milieu même d'une apostrophe en l'honneur de l'indépendance et de la liberté, il arrête son poème ou fait une diversion pour célébrer des souvenirs grecs et romains. Ses vers en visitant Pouzolles sont frappants à cet égard. Je n'en extrairai que les plus marquants :

Marchons, le ciel s'abaisse, et le jour pâlissant
N'est plus à son midi qu'un faible crépuscule;
Le flot, qui vient blanchir les restes du port Julé
Grossit, et sur la cendre expire en gémissant.

Voici maintenant une description champêtre :

Ces lentisques flétris dont la feuille frissonne ;
Ces pampres voltigeants et rougis par l'automne.
Tristes comme les fleurs qui couronnaient les
[morts,
Ces frêles cyclamens, fanés à leur naissance,
Plaisent à ma tristesse, en mêlant sur ces bords
Le deuil de la nature au deuil de la puissance.

Une apostrophe aux anciens jeux dont ces lieux furent témoins :

Où sont ces dais de pourpre élevés pour les
[jeux,
Ces troupeaux d'affranchis, ces courtisans
[avides?
Où sont les chars d'airain, les trirèmes rapides,
Qui du soleil levant réfléchissaient les feux ?

Une allusion au port qui unissait Pouzzoles à Baïa :

Les voilà, ces arceaux désunis et sans gloire
Qui de Caligula rappellent la mémoire !
Vingt siécles les ont vus briser le fol orgueil
Des mers qui les couvraient d'écume et d'étin-
[celles,
Leur chaîne s'est rompue et n'est plus qu'un
[écueil
Où viennent des pêcheurs se heurter les nacelles.

. . . .

Ces temples du plaisir par la mort habités,
Ces portiques, ces bains prolongés sous les ondes,
Ont vu Néron, caché dans leurs grottes pro-
[fondes,
Condamner Agrippine au sein des voluptés.

Et cette remarque philosophique sur la vanité des choses humaines :

Virgile pressentait que dans ces champs déserts
La mort viendrait s'asseoir au milieu des dé-
[combres,

Alors qu'il les choisit pour y placer les ombres,
Le Styx aux noirs replis, l'Averne et les Enfers.

Enfin voici l'antre de la Sibylle ;

Déja j'écartais les rameaux
Qui cachaient à nos yeux l'antre de la Sibylle
Au fond de ce cratère, où l'Averne immobile
Couvre un volcan éteint de ses dormantes eaux.
L'Enfer, devant nos pas, ouvrait la bouche antique
D'où sortit pour Énée une voix prophétique...

Le poète termine ce pèlerinage à l'antre de la Sibylle, qu'il fit vers 1826, avec un jeune peintre, M. Calais, par une apostrophe à la liberté.

Ce poème et les quelques vers cités plus haut sont les seuls consacrés par Casimir Delavigne à la côte campanienne.

X

LÉOPARDI

Léopardi arrivait à Naples déjà presque mourant de la maladie qui devait l'emporter. Il était attiré dans cette ville par son fidèle ami, le romancier Antonio Ranieri et sa sœur Pauline dont on peut voir le monument funéraire dans l'église Santa-Chiara :

« Installé avec ses amis dans une » petite maison de campagne sur les

» hauteurs salubres de Capodimonte,
» Léopardi éprouva le soulagement
» qu'apportent aux maladies sans re-
» mède des impressions et des espé-
» rances nouvelles (1). »

Léopardi était trop pessimiste pour se complaire aux descriptions de Naples. Un genêt sur le flanc du Vésuve n'est pour lui qu'une fleur dont :

« ... l'avalanche enflammée cour-
» bera bientôt la frêle tige, mais qui
» du moins périra sans avoir eu,
» comme le roseau pensant, la folie
» de se croire immortel. »

Et cependant même sur un être misérable comme lui, ulcéré par la maladie, les reproches de famille, les tracasseries gouvernementales de Ferdinand II empêchant ses œuvres de paraître, même sur un désespéré comme Léopardi, la magie du site napolitain va, une fois de plus, exercer son influence, apaiser insensiblement l'imagination malade du poète :

« On le voyait errer le long de la
» Mergellina, s'asseoir sur la pente
» du Pausilippe à côté du tombeau de
» Virgile, ou s'oublier au milieu des
» ruines de Pouzzole et de Cumes.

(1) Bouché-Leclercq, *G. Léopardi.*

» Ce ciel clément, ces loisirs res-
» pectés dont avait joui jadis le chan-
» tre des *Géorgiques*, avait fini par
» détendre l'ironie convulsive dont
» Léopardi s'armait contre la destinée.
» Il retournait peu à peu à la mélan-
» colie plus douce de ses jeunes an-
» nées ; il comprenait que la résigna-
» tion a aussi sa grandeur ; enfin res-
» saisi par cet invincible amour de la
» vie qui fait le fond de notre être et
» résiste à tous les raisonnements, il
» s'accoutumait à l'idée de vieillir
» comme tout le monde et de descen-
» dre à pas lents la pente de l'âge.
» Puisque, pour le prendre jeune, la
» mort avait déjà trop attendu, il re-
» nonçait à hâter, ne fût-ce que de ses
» vœux, la fin d'une existence qui lui
» réservait peut-être, en compensa-
» tion de tant de maux, quelques an-
» nées de paisible maturité (1). »

En effet :

« La nouveauté et l'exquise salubrité
» de l'air, dit son biographe, la société
» affectueuse de quelques personnes
» du pays, les visites continuelles qui
» affluaient à Naples ; ce nouveau
» genre de vie au grand air et ces

(1) Bouché-Leclercq, *id.*

» libres allures qui étaient tout à fait
» en dehors de ses habitudes, paru-
» rent ralentir, et ralentirent, peut-
» être pendant quatre années, l'infa-
» tigable activité de la maladie... »

Ce grand négateur comprend que l'idée de bonheur et de malheur est purement relative et ne peut se passer de constatation expérimentale. Il renonce insensiblement à dire que la vie est un mal. Dans les *Paralipomènes de la Batrachomyomachie*, le seul ouvrage qu'avec les *Pensées* il composa à Naples, Léopardi fait un superbe éloge de l'Italie et critique le gouvernement des Bourbons dans la personne de Ferdinand Ier. Il mourut le 14 juin 1837, miné à la fois par la phtisie et l'hydropisie.

XI

TAINE

Lorsqu'au mois de Février de l'année 1864 Taine, venant de Marseille, arrivait à Naples, l'unité italienne était proclamée. Le philosophe s'intéressa beaucoup à ce peuple enthousiaste de liberté et commençant une vie nouvelle.

La Ville fit sur lui une impression qu'il traduisit ainsi :

C'est un autre climat, un autre ciel, presque un autre monde. Ce matin, en approchant du port, quand l'espace s'est élargi et que l'horizon s'est découvert, je n'ai plus vu tout d'un coup que des blancheurs et des splendeurs. Dans le lointain, sous la brume qui couvrait la mer, les montagnes s'étageaient et s'allongeaient, lumineuses et satinées comme des nuages. La mer s'avançai à grandes ondes blanchissantes, et le soleil, versant son fleuve de flammes, faisait comme une traînée de métal fondu jusqu'à la plage.

Voici un passage exquis où Taine atteint à des beautés expressives dignes de Lamartine :

J'étais assis sur un banc ; je voyais le soir gagner, les teintes s'effacer et il me semblait que j'étais dans les Champs-Elysées des anciens poètes. Les formes élégantes des arbres se dessinaient dans l'azur clair. Les platanes dépouillés, les chênes eux-mêmes semblaient sourire. La sérénité délicieuse du ciel, rayé par le fin treillis de leurs branches, se communiquait à eux... Çà et là une étoile s'allumait, la lune commençait à verser sa lumière blanche. Les statues plus blanches encore, semblaient vivantes dans cet aimable jour mystérieux et nocturne. Des groupes de jeunes femmes dont les robes ondulaient légèrement avançaient sans bruit comme des ombres heureuses.

Il me semblait que j'assistais à l'antique vie grecque, que je comprenais la finesse de leurs sensations, que l'harmonie de ces formes effilées et de ces teintes effacées suffirait à m'occuper toujours, que je n'avais plus besoin de coloris, ni de splendeur. J'entendais réciter les vers d'Aristophane ; je revoyais son jeune athlète, chaste et beau, content, pour tout plaisir, de se promener, une couronne sur la tête, parmi les peupliers et les smilax en fleur, avec un sage ami de son âge. Naples est une colonie grecque, et plus on regarde, plus on sent que le goût et l'esprit d'un peuple prennent la forme de son paysage et de son climat.

Il décrit les rues :

Quelles rues on traverse ! Hautes, étroites, sales, bordées à tous les étages de balcons qui surplombent, une fourmilière de petites boutiques, d'échoppes en plein vent, d'hommes et de femmes qui achètent, vendent, bavardent, gesticulent, se coudoient... Aux environs de la *Piazza del Mercato* s'enchevêtre un labyrinthe de ruelles dallées et tortueuses, encrassées de poussière ancienne, jonchées d'écorces d'oranges et de pastèques, de restes de légumes, de débris sans nom ; la foule s'entasse, noire et grouillante, dans l'ombre palpable, au-dessous de la bande claire du ciel.

Taine a mal vu les églises. Il les juge trop vite.

Rien n'est plus faux que de les qualifier de « magasins de jolies choses » et de « casinos à l'usage des cervelles » imaginatives. » Une appréciation semblable est trop superficielle et partant d'une portée nulle.

Mais quand il visite le couvent de la chartreuse San Martino, et lorsqu'il admire la cour bordée de quatre portiques de marbre blanc, il s'écrie avec raison :

Comme on comprend ici l'architecture et les portiques ! Dans le Nord ils ne sont qu'un hors d'œuvre, une importation de pédants ; on n'en a que faire ; on ne se promène pas le soir en plein air, on n'a pas besoin d'abri contre le soleil, ni d'ouvertures pour recevoir la brise de mer..... Il faut être sous le plein azur du ciel, pour jouir du poli et de la blancheur des marbres. L'art est fait pour ce pays.

D'une barque, en allant au Pausilippe :

Naples s'éloigne et n'est plus qu'une vaste fourmilière blanche. Le Vésuve grandit, s'étale dans toute son ampleur. Le bleu couvre tout. Il n'y a qu'azur sur la mer, dans le ciel, sur la terre, et les délicates nuances des tons ne font que rendre plus suave ce concert de couleurs. Les montagnes ressemblent à la gorge d'une tourterelle ; la mer a la couleur d'une robe de soie, et dans le ciel de velours pâli, la lumière poudroie.

La vue de Pouzzoles et les souvenirs antiques l'enthousiasment. Il goûte cette teinte bleu pâle et comme effacée occupant le ciel et la mer. Il savoure le silence des ruines. Nul bruit, sauf un léger chuchotement des vagues. Il se récite les vers de Virgile, pense à la demeure de la Sibylle, et ces souvenirs « voltigent » devant lui comme des abeilles autour du calice des fleurs ». Nisida, Ischia, le cap Misène sont à ses yeux des êtres vivants.

Plus loin, dans toute la campagne, les troncs blancs des platanes, les verdures adoucies par l'hiver et la brume, les tiges minces des roseaux, l'eau immobile du lac Averne, les contours douteux des montagnes, tout le paysage alangui et muet semble se reposer de l'être, dormir, non pas écrasé et roidi par la mort, mais enveloppé dans une paix bienfaisante et monotone.

Telle fut, jadis, la conception antique de la fin de la vie.

S'éloignant de Naples pour aller à Castellamare, il lui semble n'avoir jamais vu à la mer un bleu aussi profond, d'une teinte contrastant aussi durement avec la blancheur cristalline du ciel. Les sinuosités montagneuses se dessinent :

Le ciel est presque clair ; seulement un banc de nuages pend au-dessus de Naples, et autour du Vésuve de grandes fumées blanchâtres tournoient ou dorment. Je n'ai point encore vu, même en été à Marseille, cette couleur à la mer, tant le bleu en est profond, presque dur. Au-dessus du fort et luisant azur qui occupe les trois-quarts de l'espace visible, le ciel est blanc et semble un cristal. A mesure que l'on s'éloigne, on aperçoit mieux la côte onduleuse, le grand corps de la montagne ; toutes les portions se tiennent comme des membres ; à l'extrémité, Ischia et les promontoires nus reposent dans leurs teintes de lilas comme une dormeuse de Pompéi sous son voile. Véritablement, pour peindre une pareille nature, ce continent violet étendu au bord de la grande eau lumineuse, il faudrait prendre les paroles des anciens poètes, figurer la grande déesse fertile que l'éternel Océan embrasse et assiège, et au-dessus d'eux la blancheur sereine, l'éblouissant Jupiter : *Hoc sublime candens quem omnes invocant Jovem.*

Il montre Sorrente « échelonnée » sur trois tranchées profondes... » ; ses jardins aux arbres pressés, ses noyers luxuriants, les orangers dont les pommes d'or brillent au soleil parmi des raies de citrons pâles, tandis qu'une vague senteur aromatique sort de toutes les pousses vertes.

Il décrit, de ce site admirable, une fois de plus l'azur et

... cette largeur infinie d'espace, qui, vêtue si délicieusement comme pour une fête somptueuse et délicate, laisse une sensation qui n'a pas d'égale,

tandis que le golfe ressemble à un vase de marbre arrondi exprès pour recevoir la mer.

A Pompei, il comprend le sens de la mort antique, en face de la noblesse des tombeaux romains,

La mort n'était point troublée alors par la superstition ascétique, par l'idée de l'enfer : dans la pensée des anciens, elle était un des offices de l'homme, un simple terme de la vie, chose grave et non hideuse, qu'on envisageait en face sans le frissonnement d'Hamlet.

L'amour des Napolitains pour leurs enfants le touche comme aussi leur grande qualité : la sobriété.

Mais il met quelqu'exagération à constater que les habitants de Naples ne s'occupent que de l'amour.

Impossible aux gens d'ici de penser à autre chose, c'est l'idée dominante, elle est suggérée par le climat.

Non, pas à ce point ! Si l'amour tient dans la vie Napolitaine une large place, s'il va jusqu'à occasionner des rivalités et des luttes, parfois meurtrières, il ne s'agit guère ici que du bas peuple. Actuellement ces passions violentes ont beaucoup changé. Elles s'atténuent chaque jour. Depuis la publication du volume qu'écrivit le regretté Hugues Rebell, *La Camorra* (1), bien de l'eau a coulé dans le port

(1) 1899-1900.

de Naples et les mœurs, sous le gouvernement unitaire, s'améliorent de
plus en plus.

Quant à Polichinelle, à *Pulcinella,*
Taine lui trouve l'esprit grossier,
franchement rabelaisien. — Il est pol-
tron, flatteur, gourmand, pleurard,
vicieux et spirituel ; il a l'esprit obsé-
quieux, la souplesse, l'art d'esquiver
et de tourner les difficultés, l'aversion
de la force, le talent de parler, de bouf-
fonner, d'être parasite, entremetteur
et domestique. C'est un très proche pa-
rent des personnages d'Aristophane.

Mais des admirables chansons na-
politaines, Taine n'a rien dit. Il faut le
regretter, car le philosophe eût montré qu'elles sont la tradition même,
et, par leur art de rendre nouvelles
des choses déjà connues, les mélodies
continuant la course lumineuse du
monde. Ah ! qui dira ce qu'est la chanson napolitaine, à la fois mer et ciel
étoilé, soleil et lune éclairant les jardins
et les tonnelles où passent les amants,
mais pénétrant aussi dans les ruelles
fangeuses, et jusqu'au fond des ré-
duits qu'habitent la misère et le crime.
La chanson napolitaine, mais c'est le
printemps qu'on devine à travers les

derniers souffles des vents d'hiver, c'est l'homme qui raconte, en l'ornant des voiles de la réalité et du mythe, sa vie lointaine passée au libre ciel; c'est l'être dont l'âme vole et se répand en dehors de la petite fenêtre illuminée, vers d'autres lieux, d'autres âges et entraîne dans son rythme les cœur de tous ceux qui l'écoutent.

Et c'est pourquoi Angelo Conti a eu raison de dire : « La chanson na-
» politaine, de par ses paroles simples
» et sans littérature, porte en elle
» l'hérédité mystérieuse du chant et
» fait jaillir de l'âme du peuple la
» musique qui accroît sa vie, la mu-
» sique attendue comme la fleur l'est
» par la plante, les vols d'oiseaux par
» l'air et les navires par les flots. »

XII

René Bazin

René Bazin, lui, a étudié surtout le peuple sans s'occuper des beautés du site napolitain. Il constate mélancoliquement, tout en la reconnaissant nécessaire pour l'assainissement général, la disparition des vieux quartiers ; mais il faut féliciter hautement cet écrivain d'avoir compris combien cette ville abrite de misères et de souffrances. Dans une visite à l'un des plus pauvres quartiers de Naples, il note avec pitié :

... ce lamentable assemblage de la misère des choses et de la souffrance humaine, ces ruelles si étroites que l'air y pénètre à peine ou n'y descend qu'obstrué par les haillons pendant aux fenêtres...

Quel spectacle pour ceux qui seraient venus avec l'illusion d'une Naples folle de joie, contente de vivre au soleil, que ces taudis où, parents et enfants sont logés pêle-mêle en des trous sans fenêtre, ne recevant d'air et de lumière que ce qui peut en venir par des corridors affreusement obscurs !

Quoi de plus impressionnant encore que ces lignes transcrites sans commentaire :

La ruelle n'est qu'une bande de ciel bien mince, rompue par des haillons qui pendent aux fenêtres, et, plus bas, qu'une tranche d'air empesté, entre deux façades percées à toutes les hauteurs et tachées de longues trainées de moisissure verte. Un second portique donne accès dans une cour intérieure, toute petite elle-même, au milieu de laquelle s'élève un puits entouré de tas d'immondices nageant dans une boue noire. Tout le monde puise là l'eau quotidienne.

Un escalier extérieur, en bois, monte autour de cette sorte de gouffre bâti et habité. Des têtes se montrent aux étages, des têtes de femmes et d'enfants, et pas rieuses, je vous assure, mais fatiguées et pâles.

Hélas ! nous sommes loin des somptueuses descriptions de Graziella ; et pourtant c'est par de tels contrastes qu'on arrive à connaître les mille aspects d'une ville, à l'aimer même jusque dans ses verrues !

Après d'intéressantes remarques sur la *Jettatura* et sur les chansonniers de Piedigrotta, M. Bazin, passant en revue quelques romans des écrivains napolitains actuels, comme Onorato Fava, Salvatore de Giacomo, Matilde Serao, conclut en ces termes :

Et ce qui reste de toutes ces lectures, l'impression qui se dégage de ces livres, c'est que la réputation de folle gaîté de Naples est en partie usurpée, et qu'à la place du gondolier de la légende, ceinturé de bleu et chantant, on trouve un pauvre homme qui souffre et qui pleure.

Et c'est à cette opinion que je me range de préférence à celle de Taine qui n'a pas vu d'assez près, qui n'a pas suffisamment cherché à comprendre les Napolitains, quand il écrit :

Ce sont des enfants brillants, évaporés

enthousiastes, sans équilibre, livrés à la nature. A l'état ordinaire, ils sont aimables et même doux ; mais dans les périls ou la colère, en temps de révolution ou de fanatisme, ils vont jusqu'au bout de la fureur ou de la folie.

*
* *

Ainsi Naples, attira de tout temps, avec les savants, les littérateurs et les poètes. Le satin de sa mer, le velours de ses collines, les lumineux pétales de ses flots au bord desquels s'étagent ses maisons, en font vraiment un séjour unique. Des plateaux du Pausilippe le spectacle est incomparable. L'immense Naples s'étale et se prolonge, semble-t-il, jusqu'au Vésuve par le sillon des blanches villas que les eaux du golfe ceinturent de lapis-lazuli. Ce plein azur du ciel, ces courbes naturelles de la coupe côtière, les scintillements de la mer Tyrrhénienne qui se confond au loin avec le ciel, mettent en vérité l'âme « dans une attitude riante et noble ».

Devant de telles beautés offertes par la Nature, les expressions font défaut... La pensée s'atténue et se tait... L'air caressant et tiède la sature du parfum des orangers ou du baume résineux des pins parasols aux branches en couronnes... L'esprit se repose, se reprend et se renouvelle.

A certaines heures du jour la Chartreuse aérienne de Saint-Martin est un admirable asile de méditation... Quelle douceur de parcourir les cloîtres sur la lumineuse colline ! L'atmosphère est autour d'eux si douce et si pure !... L'édifice jadis élevé à Saint-Martin, sur la hauteur, entre le Vésuve et la mer, est placé comme un port de silence et de paix au bord de l'océan de la vie. Ce caractère tranquille et reposant de Saint-Martin se manifeste plus particulièrement, alors que, dans la nuit sereine, scintillent aux cieux les étoiles. Chaque encadrement d'arcs et de colonnades clôt l'âme dans un écrin de calme. Et pourtant nous savons qu'autour de nous ondoie, rugit, s'irrite la marée de l'existence... Et l'image de notre isolement, au milieu du vaste abîme des jours, est si profonde, qu'à peine entrés dans le petit cloître, en voyant se dresser sur le toit la masse haute et menaçante d'un des côtés du château Saint-Elme pareil à la proue d'une immense nef fendant l'espace, il nous semble que, dans cette solitude, le navire de l'humanité va s'élancer sur d'autres flots, partir pour des régions de sécurité perpétuelle, et que, de ce port de paix souveraine, notre esprit est sur le point de gagner les étoiles par une mer qu'aucune tempête ne troublera, et qui ondule, avec un rythme placide, au gré de l'immense sérénité de la Nature (1).

Que dire de la vue qui se déroule du Belvédère de la Chartreuse Saint-Martin ?

En vérité, ce n'est pas un panorama qui s'étend devant les yeux, mais le spectacle même de la vie. Au-dessous, la vallée est toute sillonnée de profondes coupures occasionnées par les laborieux efforts humains : vastes tranchées, berceaux d'ombre pour la naissance et pour la mort, rides de vieillesse sur la face innocente et bonne de la terre, longues lignes de maisons perdues dans l'obscurité et dans le bruit, fourmillement de vies douloureuses et folles en un rythme de hurlements, de plaintes et de chants !... Oui, c'est bien là, en effet, l'image de la vie ra-

(1) Angelo Conti.

pide et fugace apparaissant, de ces hauteurs, dans son perpétuel bourdonnement.

Au loin, sourit la sérénité de la mer. Le Vésuve, autel fumant, raconte au ciel les rêves de la terre... Mais tout cela devient comme effacé, pareil à un souvenir, est moins qu'un souvenir. La scène de l'existence et sa voix semblent passées ; elles sont une vision que l'œil perçoit encore mais à laquelle l'esprit n'attache pas plus d'importance qu'à une fable... Un sentiment des choses disparues dans le temps et dans l'espace ravit l'âme à l'heure présente.

Si l'on abandonne le Belvédère pour revenir au silence du cloître, une vie nouvelle apparaît. On n'entend plus que les clameurs étouffées de la foule. Évanouie la montagne, évanouie la mer. Un vaste portique de blanches colonnes conduit au petit cimetière des Chartreux... Les religieux ont déserté ce couvent que seule, maintenant, habite l'histoire. A cet égard si la Chartreuse Saint-Martin ne répond plus à son caractère primordial, elle n'obéit pas moins aux aspirations de la nature qui l'environne...

Les lieux de la légende italo-grecque sur lesquels voltige encore le vers d'Homère s'étend au pied de la colline merveilleuse. Là, Ulysse, échappé aux enchantements de Circé et avant de surprendre le chant des Sirènes, descendit aux Enfers.

Puis c'est l'extraordinaire invention des portes de l'Hadès sur les bords d'une des routes les plus actives, les plus fréquentées, les plus riches en lumière et en gaieté qu'on puisse imaginer... Et l'on se rappelle ces lignes de Gœthe écrivant un jour : « Maintenant que j'ai présents » à l'esprit ces promontoires et ces » rives, ces collines et ces plaines, » ces champs ornés de jardins et de » vignes, entourés par une mer infati- » gablement mobile, maintenant, pour » la première fois, l'*Odyssée* est de- » venue pour moi une parole vi- » vante. »

Virgile suit les traces du héros d'Homère quand, dans l'*Énéide*, il narre sa rencontre avec Anchise au fond des souterrains séjours. Avant même de s'enquérir de Cumes, de Misène et de la mer, le héros revoit en esprit les horizons de la contrée fatale et l'évoque avec la même force renouvelée que celle de la Nature ressuscitant la saison printanière.

... Ainsi la voix du mythe et de la poésie s'élève de toutes parts vers la colline solitaire...

Ah ! comme je garde ineffaçable l'impresison de la première visite que je fis à la Chartreuse !... De l'église monumentale où le xvie siècle réussit à obtenir que la richesse restât toujours la beauté, je passai dans la sacristie resplendissante de dorures. Il était midi. La lumière se répandait ineffablement dans le silence. Or, tandis que je restais à contempler la voûte du Trésor où Lucas Giordano fait ascensionner ses personnages, comme un hymne, dans la clarté, je sentis que quelque chose de nouveau entrait par la fenêtre ouverte, avec les rayons du soleil. Un rythme, semblable à celui des vibrations lumineuses, s'épandait à travers le silence, ainsi que dans une pièce donnant sur un jardin, se répand, en mai, le parfum des roses. « Qu'est-ce donc, demandai-je au gardien ? » « Le passereau solitaire », me répondit-il. J'écoutai avec ravissement. Le chant emplissait l'air de mélodie. Tout semblait, dans ce rythme, vivre harmonieusement... Et je compris qu'autour de la Chartreuse de Saint-Martin le passereau solitaire chantait pour que le jour ne mourût point.

TABLE

CHARTRES. — IMPRIMERIE ED. GARNIER